pare de ser boazinha e comece a ser sedutora

MAGGIE ARANA
JULIENNE DAVIS

pare de ser boazinha e comece a ser sedutora

Como uma mudança de hábitos fará vocês voltarem a ser loucos um pelo outro

Tradução
Doralice Lima

1ª edição

RIO DE JANEIRO | 2015

CIP-BRASIL. CATALOGAÇÃO NA FONTE
SINDICATO NACIONAL DOS EDITORES DE LIVROS, RJ

A679p

Arana, Maggie
Pare de ser boazinha e comece a ser sedutora / Maggie
Arana, Julienne Davis; tradução: Doralice Lima. – 1. ed. – Rio
de Janeiro: Best*Seller*, 2015.

Tradução de: Stop Calling Him Honey... and Start Having Sex
ISBN 978-85-7684-619-2

1. Sedução. 2. Sexualidade. 3. Relacionamento. I. Davis,
Julienne. II. Título.

15-20943

CDD: 306.734
CDU: 392.6

Texto revisado segundo o novo Acordo Ortográfico da Língua Portuguesa.

Título original
STOP CALLING HIM HONEY... AND START HAVING SEX
Copyright © 2010 by Maggie Arana and Julienne Davis
Copyright da tradução © 2015 by Editora Best Seller Ltda.

Capa: Gabinete de Artes
Editoração eletrônica: Abreu's System

Todos os direitos reservados. Proibida a reprodução,
no todo ou em parte, sem autorização prévia por escrito da editora,
sejam quais forem os meios empregados.

Direitos exclusivos de publicação em língua portuguesa para o Brasil
adquiridos pela
EDITORA BEST SELLER LTDA.
Rua Argentina, 171, parte, São Cristóvão
Rio de Janeiro, RJ – 20921-380
que se reserva a propriedade literária desta tradução

Impresso no Brasil

ISBN 978-85-7684-619-2

Seja um leitor preferencial Record.
Cadastre-se e receba informações sobre nossos
lançamentos e nossas promoções.

Atendimento e venda direta ao leitor:
mdireto@record.com.br ou (21) 2585-2002

À memória da minha mãe, Mary Arana; gostaria que ela pudesse ser uma mulher jovem nos dias atuais e tivesse a oportunidade de levar uma vida de alegrias e satisfação.
Maggie Arana

A Jay, meu marido maravilhoso, o amor da minha vida.
Julienne Davis

Sumário

Agradecimentos 9

Prefácio: Por que tivemos que escrever este livro 11

Introdução: A breve história de um docinho 21

1 Pare de chamá-lo de "docinho" 27

2 Pare de falar como um bebê 53

3 Feche a porta do banheiro 81

4 Olhe-o nos olhos 103

5 Diga obscenidades... seja ousada 127

6 Discuta mais 153

7 Sejam diferentes para ficarem juntos 173

8 Ame quem vive com você — você mesma! 195

Posfácio: Os dez mandamentos do casal 219

Agradecimentos

A JAY STRONGMAN — por ser nosso primeiro defensor e editor. Obrigada por nos ajudar a transformar nosso texto (principalmente as primeiras tentativas) em alguma coisa que pelo menos fizesse sentido. Obrigada por melhorar nossa cadência e nossas "piadas sem graça" — e não, você não precisa sair da sala!

A Norm Kerner — pelo amor, pelas críticas e pelo apoio... E pela paciência por tantos dias e noites passados sem Maggie enquanto escrevíamos este livro.

A Sannah Wheatley — por seu amor, apoio e maravilhosa amizade.

A Laurie Abkemeier — por ser uma agente literária tão incrível e sempre nos manter bem-informadas. Obrigada por acreditar em nós e pelas maravilhosas sugestões para melhorar ainda mais este livro. Nós soubemos que tínhamos encontrado a melhor agente que duas garotas poderiam querer quando, em nossa primeira conversa por telefone, você disse que "se nós estávamos no barco, você também estava".

A Michele Matrisciani e a todos na HCI Books — pelo entusiasmo e por acreditarem em nosso livro.

E a todos os amigos, conhecidos e até mesmo desconhecidos — por nos permitirem olhar a parte mais íntima e pessoal de suas vidas e seus amores. Sem vocês, nós nunca poderíamos ter escrito este livro.

Prefácio
Por que tivemos que escrever este livro

VOCÊ SE LEMBRA DE quando era jovem e, ao começar um novo romance, só conseguia pensar em quando fariam sexo de novo? Você planejava, sonhava e fazia o que fosse preciso para transar novamente. Você estava pronta e totalmente a fim, não é mesmo? Sendo assim, o que aconteceu com esse sentimento? Por que tudo mudou? Agora você não precisa mais fugir da escola e encontrar um lugar discreto para ficar com ele, nem esperar ansiosamente pela próxima festa da escola (onde o ambiente era realmente escuro). Portanto, o que foi que aconteceu? Afinal, você ainda tem um espírito jovem e pode transar sempre que quiser... mas não faz isso. Quando um casal chega ao ponto de se perguntar: "Vamos transar ou ver a reprise do *Seinfeld*?", então os dois sabem que é hora de buscar respostas, antes que toda a sua reserva de sexualidade se esgote!

Nós percebemos que essa questão precisa de uma atenção real, tanto em nossas vidas quanto na vida de outros casais. Contudo, em primeiro lugar, precisamos descobrir por que isso acontece. Então, conhecendo a causa do problema, esperamos encontrar uma solução. Nós gostaríamos de nos sentir como quando éramos jovens; você não? Bem, estamos certas de que muita gente pegou este livro, leu o título e pensou: "O que significa *isso*?" Continue a ler, porque vamos explicar.

Nós nunca imaginamos escrever um livro de autoajuda sobre vida sexual. Há dez anos, nenhuma das duas sequer pensava em escrever um livro, muito menos um volume sobre a vida sexual nos relacionamentos duradouros. No entanto, aqui estamos. Em nossas próprias vidas, nos vimos nessa situação familiar a tantos casais que vivem juntos há alguns anos: os dois se amam, julgam ser os melhores amigos, mas o sexo não é mais como no início. E isso quando ainda rola algum sexo!

Não somos psicoterapeutas e não queremos ser, mas os conselhos de especialistas sobre a questão não nos ajudaram. Com certeza já foram escritos muitos livros e artigos pelos terapeutas tradicionais e aqueles considerados especialistas. Esses textos parecem trazer bons conselhos, com sugestões sobre "como apimentar a vida sexual", e incluem todos os clichês que pretendem fazer o impulso sexual pegar no tranco: conversar com o parceiro sobre sua "carência de intimidade", usar lingerie sexy, ter uma noite de namoro, desempenhar papéis, usar brinquedos sexuais e até mesmo transar em lugares como a mesa da cozinha ou o jardim do vizinho! Na verdade, há quem chegue a sugerir "se obrigar" ou "transar mesmo sem vontade" — achando que isso vai aumentar seu desejo de ter relações sexuais com mais frequência. Quer saber? Nada disso dá resultado! Quando nos obrigamos a fazer algo que não desejamos, na melhor das hipóteses nos sentimos idiotas e na pior delas ficamos ressentidos com os parceiros. Podemos até ficar com raiva de nós mesmos porque sentimos que *deveríamos* querer "apenas transar", mas isso não acontece. Ninguém consegue simular o desejo. E muitas pessoas provavelmente já tentaram alguns ou todos esses "temperos do sexo" que os "especialistas" recomendam, mas nós imaginamos que no final nada disso muda a situação. Por quê? Fizemos essa pergunta a nós mesmas e estamos decididas a buscar respostas para esse dilema tão comum.

Este livro não foi concebido de um dia para o outro; ele resulta de uma busca de quase dez anos, que finalmente nos levou a descobrir o que realmente mantém aquecida a vida sexual de um casal.

Como nos conhecemos

Assim que nos conhecemos, soubemos que seríamos boas amigas. À medida que nossa amizade cresceu, descobrimos quanta coisa tínhamos em comum. Durante a maior parte de nossa vida adulta, nenhuma de nós duas gostava da ideia de priorizar a quantidade de relacionamentos, porque ambas valorizamos um compromisso duradouro. Quando começamos a falar sobre a dificuldade de manter o sexo interessante depois de muitos anos de vida a dois com a mesma pessoa, escrever este livro virou uma necessidade — não só em benefício próprio e de nossos relacionamentos, mas também para ajudar outras pessoas. Embora ambas fôssemos inexperientes como escritoras, o processo foi surpreendentemente fácil, porque grande parte de nosso livro tem por base os depoimentos de pessoas reais sendo sinceras conosco, assim como nós estávamos sendo sinceras com nós mesmas e uma com a outra.

Julienne lembra:

Maggie e eu fomos apresentadas em 1997, em Los Angeles, por uma amiga inglesa em comum. Nós nos demos bem imediatamente, porque éramos parecidas em muita coisa. Compartilhávamos grande interesse por moda retrô, música, arquitetura e design da metade do século XX. Nos tornamos amigas íntimas (levando junto nossos respectivos parceiros), embora meu marido e eu estivéssemos vivendo em Londres, enquanto Maggie vivia com o namorado em Los Angeles. Em função da minha carreira de atriz (e do clima fantástico), meu marido e eu íamos a Los Angeles várias vezes por ano, e o ponto alto dessas viagens era sempre a oportunidade de nos encontrarmos. Nós quatro fomos à *première* californiana do filme *De olhos bem fechados*, de Stanley Kubrick, no qual desempenho um papel de destaque. O filme, estrelado por Tom Cruise e Nicole Kidman, explora a dinâmica entre fidelidade conjugal e desejo sexual.

Em retrospecto, acho que o enredo do filme foi o ponto de partida para Maggie e eu pensarmos sobre a satisfação sexual em nossos respectivos relacionamentos. Tivemos muitas conversas pessoais sobre os aspectos do passado sexual de cada uma: os bons, os maus e os realmente desagradáveis! Já tínhamos experimentado problemas de libido em nossos relacionamentos duradouros, e ficávamos perplexas com os motivos pelos quais isso sempre parecia acontecer, mesmo quando o companheirismo era fantástico em tantos aspectos. O tempo passou e, em 2005, meu marido e eu estávamos planejando uma mudança permanente para Los Angeles. Para avaliar as perspectivas de trabalho, acabei passando diversos meses, em períodos intermitentes, na casa de Maggie. Ela tinha terminado recentemente um relacionamento de vinte anos com o parceiro e ficou feliz por ter companhia.

Como acontece com frequência entre amigas, passamos muitas tardes conversando sobre o que deu errado no relacionamento aparentemente sólido de Maggie e como a seca sexual colaborou para o fim da relação. Nós duas tentamos entender por que a vida sexual de um casal sempre parece perder qualidade depois dos primeiros anos do relacionamento. Mais especificamente, nós nos perguntamos por que o relacionamento de Maggie acabou em um deserto sexual quando ela e o namorado se entendiam tão bem, tinham tanta coisa em comum e gostavam de passar a maior parte do tempo juntos. Todos os nossos conhecidos achavam que eles eram um casal perfeito. Eles faziam tudo juntos e pareciam muito íntimos. Sempre que os encontrava socialmente, achava que, de todos os casais presentes, eles seriam o último a ter problemas. No início de nossa amizade, às vezes era difícil para mim falar a sós com Maggie, porque ela e o namorado pareciam estar sempre juntos. Eles eram como uma unidade — as duas metades de um todo.

Maggie prossegue:

Foi nessa ocasião que Julienne e eu tivemos uma revelação: por maior que fosse o companheirismo e por mais profunda que fosse a amizade, se o casal criasse certos maus hábitos, o sexo seria prejudicado. Em retrospecto, percebi que minha própria vida sexual começou a minguar quando meu parceiro e eu começamos a usar apelidinhos e linguagem infantil um com o outro. Da mesma forma, quando discutimos os relacionamentos anteriores de Julienne, ela percebeu que sua vida sexual também fora prejudicada pelas mesmas razões. Nós duas nos demos conta de que usávamos expressões como "docinho", "mozinho" e "bebê" para falar com nossos parceiros, com quem ficávamos à vontade demais. E isso nos levou a perceber que "docinho" é uma palavra muito perigosa, que abre caminho para outros hábitos prejudiciais, que podem acabar por destruir a química entre os parceiros — e o próprio relacionamento. Meu namorado e eu provavelmente parecíamos ser um casal perfeito porque realmente adorávamos a companhia um do outro. Não havia ninguém com quem eu preferisse conversar, e acho que ele sentia o mesmo a meu respeito. No entanto, em casa tínhamos tantos maus hábitos que ficava praticamente impossível sentirmos atração mútua. E acho que essa foi a principal razão pela qual nosso relacionamento acabou: por mais forte que fosse a amizade e a ligação entre nós, o relacionamento amoroso precisa de intimidade sexual para sobreviver.

Depois dessa descoberta, partimos para investigar se isso também acontecia nos relacionamentos de outras pessoas. Durante os últimos anos, conversamos com muitos amigos e conhecidos que mantêm relacionamentos duradouros. Para nossa surpresa, descobrimos que praticamente *todos* tinham vidas sexuais insatisfatórias! Essas mesmas mulheres e homens também admitiram usar com frequência a expressão "docinho" e outros apelidinhos ao se dirigirem aos parceiros. Descobrimos o mesmo fenômeno quando demos um passo adiante e conversamos com outros parentes, colegas de trabalho e até mesmo pessoas encontradas através da internet. Quando perguntávamos mais, todos admitiam que tinham uma vida sexual mais ativa antes que os apelidinhos virassem rotina. Muitas mulheres afirmaram que não conseguiam sequer lembrar a última vez em que os parceiros as tinham chamado pelo nome.

As pessoas também revelaram que, a partir do primeiro ano do relacionamento, começaram a fazer "de tudo" na frente dos parceiros. Nós também passamos por isso e descobrimos que agimos da mesma forma nos relacionamentos anteriores. Assim como nossos amigos e conhecidos, nunca percebemos a relação entre esses maus hábitos e o desinteresse pelo sexo. Tal como nossos interlocutores, percebemos que certos hábitos domésticos provavelmente não ajudavam a vida sexual, mas nunca pensamos em mudá-los porque não os considerávamos importantes. Tínhamos lido alguns livros de autoajuda, mas não operamos mudanças nessas áreas porque nenhum desses livros considerava esses hábitos prejudiciais. O resultado? Não aconteceu mudança alguma em nossas vidas sexuais! Isso é: até termos posto à prova a teoria do "docinho".

Nosso próximo passo foi ler o maior número possível de livros sobre o assunto, pensando que pelo menos um terapeuta talvez pudesse ter descoberto o mesmo. Ficamos chocadas ao verificar que nenhum dos profissionais fez essa conexão. Além disso, nenhum deles mencionou a relação entre os hábitos do cotidiano e a sabotagem inconsciente da vida sexual. Nenhum deles tratou dessas causas óbvias, que para nós pareciam claras: eram como um elefante no meio da sala!

Portanto, avaliando nossa própria experiência e a de centenas de homens e mulheres, descobrimos a causa real da falência da vida sexual. Os livros que lemos focavam apenas no tratamento dos sintomas, como quem coloca um curativo sobre uma ferida infectada, enquanto os conselhos do nosso livro tratam da própria infecção.

Também descobrimos que a maioria dos outros livros sobre o assunto tinha um caráter extremamente acadêmico e, por essa razão, oferecia muito pouco em termos de conselhos eficazes e fáceis de entender. A opinião dos terapeutas pode fazer sentido em um artigo científico, mas não se aplica à rotina da maioria dos casais. Embora nos consideremos mulheres bastante inteligentes, a maioria das obras de autoajuda que encontramos nas livrarias era de tanta complexidade que sua leitura se tornava difícil. Explicações sobre "a ação do neocórtex sobre a libido" não conseguem prestar uma ajuda real. (Não nos interessa saber que parte do cérebro controla a libido; só queremos voltar a transar mais com nossos parceiros!) Chegamos à conclusão de que uma ajuda real e prática para a mulher comum não estava disponível e era bastante necessária. Queríamos mudar essa situação. Queríamos escrever um livro que as mulheres (e os homens) quisessem ler — a verdade direta e sem "papo de terapia", com base nas experiências reais. Uma verdade que desse resultado, tanto em relação a um relacionamento antigo quanto no contexto de um novo.

Contudo, nosso livro não se limita a falar sobre uma única palavra. Esse é apenas o primeiro passo do processo. Os três primeiros capítulos do livro se concentram no que é necessário parar de fazer para recuperar uma química sexual natural; os capítulos seguintes explicam o que se deve começar a fazer. Depois que nós e muitos outros experimentamos as técnicas ilustradas neste livro, verificamos que renovar a vida sexual não dá o menor trabalho — esse é outro mito imposto à maioria das pessoas. Trata-se de mudanças fáceis que conduzem a um desejo natural de fazer sexo, algo que está faltando em nossos relacionamentos.

Eis o que você precisa perguntar a si mesma...

Você e seu parceiro ou parceira estão juntos há bastante tempo, não é mesmo? Vocês têm um ótimo relacionamento. Se comunicam bem. Rolam muitos amassos entre vocês. Provavelmente se consideram melhores amigos. O relacionamento é bom. Mas... e o sexo?

Estamos nos referindo àquele tipo de relação intensa, frenética, que vocês tinham quando se conheceram. O tipo de sexo em que as pessoas se olham nos olhos e querem arrancar a roupa uma da outra, ou em que as pessoas nem conseguem chegar até o quarto e acabam transando no corredor. O tipo de sexo em que você fica molhadinha de pura expectativa. Não rola? É o que pensávamos.

Nós duas sabemos que, mesmo quando o companheirismo é maravilhoso e você e seu parceiro se amam profundamente, com o tempo vocês descobrem que alguma coisa está faltando na cama. E, às vezes, essa pequena coisa consegue corroer o que já foi um excelente relacionamento. O sexo pode tornar-se monótono e trivial — e, quando isso acontece, o que fazer? Há duas possibilidades: a abstinência ou a traição. Uma coisa ou a outra. Mas não tem que ser assim!

O maior problema dos relacionamentos mornos é o fato de que um dos dois vai acabar traindo — e nem sempre com alguém melhor do que seu parceiro ou parceira atual, mas com quem o traidor se relacione e se comunique da maneira como vocês costumavam se comunicar.

Nesse ponto da vida você pode até mesmo pensar que não está mais interessada em sexo: *eu já passei por isso, já fiz isso muitas vezes. Simplesmente não preciso mais de sexo, nem quero.*

Mas um relacionamento amoroso sem sexo ou intimidade física abala a parceria, por mais forte que seja a ligação entre os cônjuges. E você precisa perguntar a si mesma: você realmente só quer ter um colega de quarto?

Descobrimos que a simples mudança de alguns hábitos diários pode acabar com a sabotagem da vida sexual. Vocês podem liberar a paixão que tinham no início e deixar de ser apenas colegas de quarto, voltando a ser o casal apaixonado que desejam. Essa é a razão pela qual achamos que precisávamos escrever este livro. Trazer esses conselhos inovadores para todos os casais que estão perdendo o estímulo pelo sexo e começando a descer a ladeira escorregadia da abstinência ou da traição. Não é fato que todos sonhamos com aqueles primeiros momentos? Imagine como você se sentiria cheia de energia, jovem e vibrante se pudesse recuperar apenas um pouco daquele sentimento. Nós sabemos, também ficamos animadas com a ideia, portanto, continue a ler, pare de chamá-lo de "docinho" e volte a ter uma vida sexual fantástica!

Introdução:
A breve história
de um docinho

Como começou essa história de chamar o parceiro por uma palavra doce como forma de carinho? De todas as palavras disponíveis, por que se chama o parceiro dessa maneira há tanto tempo? E por que tais termos continuam a ser usados? Qual a origem desses apelidinhos carinhosos utilizados pelos casais? E por que eles são tão comuns? Terá Adão dito a Eva: "Docinho, por favor, não coma essa maçã!"? Bem, fizemos uma pesquisa, e veja o que descobrimos.

A palavra inglesa *honey** [mel] tem como origem a expressão do inglês arcaico *huning*. Segundo o Oxford English Dictionary, o primeiro uso da palavra *honey* com a grafia atual ocorreu no ano de 875. Até então, a palavra, tal como hoje, se referia apenas à substância doce e gostosa que se passa na torrada. Como apelido carinhoso, o uso das palavras *honey* e *sweetheart* remonta aos anos 1300. Essas são as palavras mais antigas e mais frequentemente utilizadas até hoje pelos casais anglófonos para falar com os parceiros.

---

* Neste capítulo algumas palavras não foram traduzidas por se tratar de suas explicações etimológicas. (*N. da E.*)

O interessante é que, além de ter o sentido óbvio de "coisa doce", o mel já foi considerado uma mercadoria valiosa. Em alguns casos, os romanos chegaram até mesmo a usar o mel como forma de pagamento de impostos, em vez do ouro. Os egípcios antigos também consideravam o mel um símbolo de fertilidade, e ele era usado como oferenda para Min, o deus da fertilidade. No hinduísmo, o mel (*Madhu*) é um dos cinco elixires da imortalidade.

Um dos primeiros exemplos conhecidos do uso da palavra *honey* como apelativo carinhoso surgiu na obra de Geoffrey Chaucer *Os contos da Cantuária*, no "Conto do moleiro", aproximadamente do ano de 1380. Na época medieval, o moleiro moía o trigo para fazer farinha — uma profissão muito comum na classe operária da época; daí vem o sobrenome Miller. A "doçura" deste conto é uma mulher de 18 anos chamada Alison, que se casou com um carpinteiro muito mais velho que ela. Nessa história medieval de amor e traição, Alison está traindo o marido com um jovem estudante que aluga um quarto na casa do casal. A jovem também flerta com um dândi (homem de posses, bem-vestido e/ou vaidoso) que a visita de vez em quando. O estudante convence o carpinteiro, que não é muito inteligente, de que vai haver uma inundação e é preciso construir um barco para salvar a todos. Preocupado com esse trabalho, o marido está tão distraído que o estudante espertinho tem tempo de sobra para transar com a jovem e bela Alison. A seguinte passagem do "Conto do moleiro" mostra uma das primeiras ocorrências da palavra *honey* como expressão carinhosa:

> *This silly carpenter begins to quake:*
> *He thinketh verily that he may see*
> *This newe flood come weltering as the sea*
> *To drenchen Alison, his honey dear.*

[O carpinteiro idiota estremece:
pensa que poderá realmente ver
em uma inundação incontrolável como o mar
sua doce Alison afogar.]

Também do "Conto do moleiro", temos um dos primeiros exemplos do uso de *sweetheart*:

> *And secretly he [the student] caught hold of her genitalia and said: "Surely, unless you will love me, sweetheart, I shall die for my secret love of you."*

> [Às escondidas, ele [o estudante] espalmou a genitália dela e disse: "Se você não me amar, benzinho, meu amor secreto por você vai me matar."]

(Nossa, aqueles caras medievais eram muito ousados!)

Portanto, a primeira "doçura" conhecida era uma mulher jovem que enganava o marido não com um, mas com dois outros homens! Esse não é um começo muito promissor para termos supostamente afetuosos como "doçura", "docinho" e "benzinho". Tudo indica que as palavras *honey* e *sweetheart* foram originalmente usadas como expressões irônicas dirigidas a uma mulher que era mais promíscua do que doce.

Podemos avançar duzentos anos e a palavra *honey* surge novamente, dessa vez na peça *A megera domada*, de William Shakespeare, escrita em 1590. O enredo envolve duas irmãs: a linda e delicada Bianca, e a decidida e obstinada Catarina, a megera do título. Um cavaleiro de nome Petrúquio assedia e se casa com Catarina, não por amor à moça, mas por amor ao dinheiro do pai dela, conforme ele mesmo declara sem rodeios na seguinte passagem:

"Kate, eat apace. And now, my honey love,
Will return to her father's house
And revel in it as bravely as the best,
With silken coats and caps and golden rings."

[Coma depressa, Catarina. E agora, meu docinho querido,
voltaremos para as celebrações na casa de seu pai
tão bem-vestidos quanto os mais nobres,
com trajes e toucados de seda e anéis de ouro.]

Para Petrúquio não era suficiente apropriar-se do dinheiro
da mulher; ele também queria dominar-lhe o espírito. A peça
termina com Petrúquio "domando" Catarina, que pronuncia
um discurso sobre o dever de toda mulher: obedecer ao marido. De nossa perspectiva moderna, essa com certeza é uma visão retrógrada das mulheres, mas mesmo assim a peça é uma
obra-prima.

Na peça *Otelo*, também de Shakespeare, escrita em 1604,
a palavra *honey* surge novamente. Nessa famosa tragédia, Otelo
é um respeitado general do exército de Veneza, casado com
a bela e fiel Desdêmona. Sobre seus planos de mudança para a
Turquia, Otelo afirma:

"Honey, you shall be well desir'd in Cyprus,
I have found great love amongst them."

[Docinho, eles vão adorá-la em Chipre, pois
fui muito bem-tratado aqui.]

Infelizmente, diversos oficiais subordinados a Otelo estão
conspirando contra ele. Chega o momento em que ele suspeita

que Desdêmona faça parte da conspiração. Otelo volta ao palácio e estrangula a mulher. Em seguida, ao descobrir que a esposa era inocente, desesperado, comete suicídio. Essa é uma das primeiras peças em que a palavra *honey* realmente expressa carinho. Otelo e Desdêmona eram apaixonados, embora ele tenha cometido o erro de pensar que ela o traía, acabando por assassiná-la.

Em comparação com *honey* e *sweetheart*, outros apelativos carinhosos são relativamente recentes. A palavra *baby* só começou a ser usada dessa forma em 1839. Nos anos 1800, o apelido mais comum entre cônjuges era *dear* [querido ou querida], usado pela primeira vez em 1694. *Darling* começou a ser usado nos anos 1500 e *sugar* na dos anos 1930. No entanto, nenhuma dessas palavras tem a antiguidade e a duração de *honey*, que sobrevive há mais de seiscentos anos!

Na década de 1950, essa palavra passou a entrar regularmente em nossas casas por meio da televisão. Quando Ward Cleaver, o personagem da série *Leave It to Beaver*, ou Ozzie Nelson, de *The Adventures of Ozzie and Harriet*, ou ainda Jim Anderson, de *Papai sabe tudo*, entravam em casa, era certo ouvirmos a frase "Querida, cheguei!".

E os Estados Unidos certamente retiraram da televisão muitas das ideias sobre como uma família devia agir e se comportar. Sim, aqueles programas eram ótimos, mas muitas das mensagens sobre o relacionamento dos casais provavelmente afetaram nossa psique de forma não muito positiva. Naquelas primeiras séries, maridos e mulheres chamavam um ao outro de "docinho" e geralmente agiam de forma muito pouco sexualizada. Por conta das regras vigentes na televisão da época, os casais das séries de TV dormiam em camas separadas e, na maioria dos casos, ninguém podia imaginar alguma atividade sexual entre eles. A mulher geralmente era representada como uma empregada doméstica muito atraente, quase sempre de avental, mas usando batom e com os cabelos perfeitamente alinhados. Lembra-se de June Cleaver? Ela sempre parecia perfeita, mesmo quando estava passando aspirador ou tirando a poeira dos móveis.

Sabemos que alguns leitores podem estar pensando que não estamos mais nos anos 1950, ou sequer se lembrar desses programas. Contudo, argumentamos que o uso de apelidos como "docinho" em nossa vida diária e a imagem de um casal com um relacionamento aparentemente platônico são aspectos culturais com que a televisão nos bombardeia há décadas. Mais recentemente, nos anos 1990, tivemos uma série de TV chamada *Família dinossauro*, com seu bordão infalível: "Querida, cheguei!" [*Honey, I'm home!*]. Na mesma época, vimos duas obras cinematográficas extremamente populares: *Querida, encolhi as crianças* [*Honey, I Shrunk the Kids*] e *Querida, estiquei o bebê* [*Honey, I Blew Up The Kid*]. Infelizmente, essas expressões são tão empregadas hoje em dia que se tornaram mais um clichê que uma forma de carinho. A cansada expressão *honey* já era usada há seiscentos anos. Será que já não é hora de lhe dar um descanso?

Capítulo Um

Pare de chamá-lo de "docinho"

Descobri que a maneira mais íntima para o meu namorado me chamar é usar o meu nome.
SHARI, 30 ANOS

Meu benzinho e eu nunca nos dirigimos um ao outro pelo nome, só quando estamos zangados. Nós já não transamos muito, mas ainda adoramos ficar agarradinhos.
AIMEE, 38 ANOS

EMBORA OS APELIDOS PAREÇAM ser as palavras mais inócuas do mundo, para um relacionamento eles podem ser os termos mais perigosos. Quantos de nós chamamos nossos parceiros de "amorzinho" ou usamos outro apelidinho? Milhões de pessoas usam palavras como "docinho", nos mais variados idiomas. Essa prática virou um hábito tão comum que, quando vemos em um filme ou programa de TV um marido chegar em casa, esperamos ouvi-lo dizer: "Querida, cheguei!" Esse, provavelmente, é um dos hábitos mais corriqueiros e socialmente aceitos nos relacionamentos duradouros. Quase todo mundo chama a pessoa amada por um apelido carinhoso. Não é possível que todas essas pessoas estejam erradas, não é mesmo? Sim, elas podem estar. E estão!

Talvez você esteja se perguntando: qual é o problema de chamar alguém de "mozinho" ou "docinho"? Bem, um pouco de mel é excelente em uma torrada, mas é péssimo para a vida sexual do casal. Usar um apelidinho para chamar seu parceiro é o primeiro passo na ladeira escorregadia que leva ao desaparecimento do sexo. Infelizmente, a coisa não para por aí, mas degenera para "mozão", "chuchuzinho", "paizão", "gatinho", "doçura", "bebê", "tigrão", "filhinho"... já deu para entender o espírito da coisa. Com certeza poderíamos escrever todo um capítulo apenas enumerando os apelidinhos que admitimos ter usado. A criatividade nesse departamento é infinita... e isso não ajuda a ninguém!

Quando somos casados, parte do ritual é nos tornarmos uma unidade, e isso é uma das maravilhas do casamento. Você passa a ter um parceiro permanente, um aliado, um amigo da maior confiança. Você confia a ele ou ela sua vida, suas economias e, principalmente, seu coração. Essa pessoa passa a ser sua família. Mas precisamos examinar melhor o verdadeiro significado de "ser uma unidade".

Quando vocês se tornam uma unidade — duas metades de um todo, em vez de duas pessoas completamente separadas — podem dizer adeus ao sexo apaixonado que desfrutavam no começo. E por que isso acontece? Porque muitas vezes a base da atração sexual é o interesse por alguém que é diferente e está separado de você. No casamento, porém, essa ideia de duas pessoas completas e independentes geralmente é descartada depois de alguns anos de convivência. Em geral, é muito fácil ficar à vontade demais com o outro e tão próximo que a linha divisória entre vocês fica tênue. Nesse processo, ambos jogam ao vento parte da própria identidade. Separação e identidades próprias são essenciais para manter uma boa vida sexual. Tornar-se uma unidade implica duas pessoas completas e independentes unidas pelo casamento. Ou seja... trata-se de uma parceria! Não de duas pessoas que abandonam metade do que são em benefício da parceria.

O poder de um nome

Uma das partes mais importantes da identidade própria é o nome. Talvez você tenha um nome bonito, ou então um nome adequado à sua personalidade. Talvez seu nome tenha pertencido à sua mãe ou a uma avó muito querida. Por que você iria abrir mão disso? Quer nos agrade, quer não, nosso nome é o indicador mais óbvio de nossa identidade. E pessoas com identidade própria são o que torna qualquer relacionamento interessante, seja ele de parceria ou de amizade.

Você se lembra de quando começou a namorar seu marido? Você não o chamava pelo nome? Com certeza chamava, mas com que frequência você faz isso hoje em dia? Em nossa pesquisa para este livro, encontramos muitos casais que há anos não se chamam pelos próprios nomes. Muitas mulheres com quem conversamos revelaram que não conseguem sequer lembrar quando foi a última vez em que o parceiro usou o nome delas. Quando eles fizeram isso, elas geralmente disseram algo como: "Pensando bem, sinto muita falta de ouvir você me chamar pelo nome em casa." Aparentemente, os costumes sociais se impõem e caímos nessa armadilha de usar os velhos apelidinhos carinhosos.

Por que será que podemos ter uma amiga íntima por muitos anos, alguém com quem conversamos todo dia e falamos sobre aspectos muito pessoais de nossas vidas, mas a quem jamais chamamos de "docinho"? E por que sentimos a necessidade de omitir o nome do parceiro só porque temos relações sexuais com ele? Quando nos envolvemos romanticamente com alguém, o nome dessa pessoa geralmente é lançado pela janela nos primeiros meses e quase nunca retorna. Uma das facetas mais perigosas de usar esses apelidos é passar o dia com a mente situada em uma região assexuada. Então, à noite, ou quando surge um momento de interesse sexual, é muito difícil deixar de lado essa atitude doméstica.

Quando ambos estão se chamando de "docinho", uma pequena parte da identidade de cada um é corroída. Quando isso acontece, você entra em uma estrada que leva ao deserto da transa. É surpreendente o poder de uma palavra aparentemente inócua como essa. Ao usá-la, você inconscientemente faz a tensão sexual descer um degrau ou dois na comunicação com seu parceiro. Dessa forma, isso deprime a individualidade, o sexo, a feminilidade/masculinidade, e principalmente as diferenças entre vocês! Palavras como "docinho" são como um adoçante artificial, palavras andróginas. Você realmente quer transformar seu homem em um assexuado? Cada vez que se dirige a ele dessa forma, encobre o fato de que vocês são dois indivíduos sexuais completos e distintos. Vocês se transformam em duas metades de um todo. Contrariando a crença convencional, isso não é bom. Quem sente atração pela outra metade de si mesmo? Ninguém!

Você também precisa lembrar que seu marido provavelmente tem um passado que inclui ex-namoradas ou ex-mulheres. Você não se dá conta de que ele talvez também as chamasse de "querida"? Por que você aceita a condição de ser a "querida" mais recente na vida dele? Você não vale mais do que isso? Por que vocês dois deveriam aceitar ser relegados a um nome genérico? E essa é uma via de mão dupla: você também teve namorados e relacionamentos que não duraram. Por que iria querer recair nos mesmos hábitos do passado?

Por que apagar a chama?

Talvez você pergunte: mas esses apelidinhos não são carinhosos? Não mostram que ele é especial? Não, eles são expressões de uniformidade e ausência de interesse sexual. De vez em quando você não chama seus filhos de "docinho"? Você não chama seu cachorro ou seu gato de "queridinho"? Portanto, por que você iria querer chamar seu parceiro sexual pelo mesmo nome que usa com sua filha de 6 anos ou com seu poodle? "Docinho" não tem conotação sexual e nem mesmo gênero. Essa não é uma palavra desejável para usar com o homem que espera por você no quarto. Estamos certos de que muita gente nesse momento está pensando: *mas nós fazemos isso e estamos muito bem. Essa ideia não se aplica a nós.* Ok, talvez vocês estejam "bem" agora, mas daqui a algum tempo com certeza você estará fazendo uma avaliação de seu relacionamento quase sem sexo e pensando: *o que aconteceu conosco?* Tome cuidado. Um apelidinho pode parecer inocente, mas definitivamente não é!

Quando vocês começam a se chamar por apelidos, também começam a reduzir a chama da paixão de muitas outras maneiras imperceptíveis. Você quer correr esse risco? O que pode ganhar com isso? Outro aspecto negativo dessas palavras doces é a conotação cuidadora. Essa é a razão pela qual seu pai e sua mãe provavelmente chamavam você dessa forma quando era criança: eles estavam cuidando de você. Por isso também é provável que você chame seu filho e seu bichinho de estimação de "docinho" — você cuida deles. Mas realmente quer chamar seu parceiro, aquela pessoa em sua vida que deve ser realmente sua igual, por uma palavra que deveria ser reservada para aqueles de quem você cuida? "Sexo com a cuidadora" nunca vai ser realmente erótico.

Quando você estava crescendo, é provável que seus pais a chamassem de "queridinha" ou "docinho" com tanta frequência que, quando eles usavam seu verdadeiro nome, você achava que tinha feito algo de errado. Quantos de nós costumávamos ouvir de nossos pais frases como "Maria, venha cá, preciso falar com você"? e tremíamos nas bases porque sabíamos que nossos pais estavam zangados com alguma coisa. Infelizmente, o que acontece hoje em dia com os casais é assustadoramente semelhante. Quando ouvimos o parceiro nos chamar pelo nome (em vez de dizer algo como "coelhinha"), provavelmente pensamos: *que droga, ele está zangado com alguma coisa*. Ser chamada pelo próprio nome tornou-se algo tão negativo que quando isso acontece pensamos que nosso parceiro está zangado! Não é o fim? O nome do seu parceiro não é algo que deva ser usado somente quando você se zanga. Lembre-se: você já não vive mais na casa dos seus pais. Vocês agora são adultos. Por que baixar prematuramente a temperatura da vida sexual por conta de hábitos que você adquiriu quando era pequena? Será que isso vai aumentar nosso desejo pelo outro? Dificilmente.

Sua relação física com seu parceiro é como uma fogueira. Vocês se conhecem, as faíscas voam quando estão juntos e logo ambos são aquecidos por essas chamas. No entanto, da mesma forma que uma fogueira, sua relação física está sujeita a elementos externos e pode facilmente ser apagada sem que você perceba. Por essa razão, ela deve ser protegida; não vai queimar continuamente se você deixar os maus hábitos choverem sobre suas chamas. Toda vez que você deixa sua comunicação evoluir para "mozinho" e "gatinho", também permite que a chuva caia sobre sua fogueira sexual. Em pouco tempo, se ela ainda estiver acesa, já não será mais um fogaréu.

Uma vez que tenha adotado o hábito social de trocar o nome do seu marido por um apelido, você começa a dessexualizar seu relacionamento com ele. Sem perceber, transforma seu parceiro em um ursinho de pelúcia. "Mozinho" vai trazer uma xícara de chocolate quente para você, mas não vai transar com você. O "mozinho" é ótimo para abraçá-la embaixo das cobertas, mas não é tão bom para uma transa selvagem embaixo dessas mesmas cobertas. Não seria ótimo ter as duas coisas? Pois você pode tê-las! Mesmo que no início isso pareça formal, chame seu marido pelo nome e peça a ele para fazer o mesmo com você. Com certeza você vai perceber uma sutil mudança na química entre vocês: em vez de serem dois parceiros que gostam de ficar de conchinha, passarão a ser dois seres sexuais que podem realmente desejar um ao outro.

Não dispense as formalidades

Megan e Brian se conheceram no final da adolescência e viveram juntos durante 17 anos. Megan é uma publicitária da área musical e Brian é artista gráfico. Eles compartilham o interesse por música e cultura popular e são muito unidos. São os melhores amigos. Todo mundo achava que eles eram um casal perfeito — "como dois irmãos", segundo os amigos. Em retrospecto, vemos que isso *não* era um bom sinal. Nos primeiros anos da união, a vida sexual era boa, mas depois começou a declinar bastante, até que eles passaram a ter relações uma vez por mês ou até menos. Como a intimidade física era rara, Megan chegou a pensar em terem quartos separados, mas achou que a sugestão poderia ofender o marido. Embora ela tivesse desligado esse lado de sua vida, nunca pensou em se separar. Eles ainda eram os melhores amigos e tinham coisas demais em comum. Então, um dia Brian acordou cedo, em um choro desconsolado. Entre soluços, ele afirmou que estava muito arrependido porque tinha traído a mulher. Infelizmente, a garota ficou grávida e queria ter o bebê, apesar de saber que aquilo tinha sido apenas sexo sem compromisso. Megan ficou arrasada e furiosa. Brian estava com tanto medo de que a mulher o matasse que se mudou imediatamente para a casa dos pais e nunca mais voltou. Depois de vários meses, a raiva de Megan tinha diminuído e eles marcaram um encontro em um restaurante para conversar. Apesar de saber que nunca mais ia aceitar o marido de volta, Megan ainda gostava demais de Brian e achava que eles poderiam continuar amigos. Ela explica:

O que me surpreendeu em nosso primeiro encontro depois da separação foi que começamos a usar nossos nomes. Quer dizer, depois que você se separa de alguém, não consegue continuar a chamá-lo de "mozinho", não é mesmo? Há quase 17 anos eu não chamava Brian pelo nome! Mais tarde, quando telefonei para uma amiga para falar do encontro com meu ex-marido, ela achou que eu só fosse discutir a traição, o bebê e essas coisas. Mas a única coisa a que me referi foi à estranheza de chamá-lo pelo nome depois de tantos anos. Era como se eu finalmente reconhecesse a identidade dele como homem, como se eu tivesse descoberto uma parte dele que ficou enterrada durante 17 anos. Ele também não me chamava de Megan há todo esse tempo. Poucos meses depois de começarmos a viver juntos, começamos a nos chamar mutuamente de "doce de coco", depois de "docinho" e, finalmente, de "minha conchinha" porque adorávamos ficar abraçados embaixo das cobertas como duas crianças. Às vezes éramos até mesmo "papaizinho" e "mamãezinha". Também falávamos em linguagem infantil o tempo todo, portanto foi um choque conversar novamente como adultos. Eu senti mais atração sexual por ele naquela noite do que senti em anos. Percebi, depois daquele encontro, o efeito devastador daqueles apelidos idiotas em nossa vida sexual. Não admira que quase nunca transássemos! Eu não o desculpo por ter me traído, mas percebi que tinha desempenhado um papel em nossa derrocada sexual. Aposto que a garota com quem ele pulou o muro não o chamou de "docinho" ou "papaizinho"!

Megan imediatamente percebeu uma mudança notável na maneira como via o marido quando se encontrou com ele, após a separação. Como o tom de voz dos dois era diferente e os apelidinhos tinham desaparecido, ela pode tornar a vê-lo como um ser sexual. Infelizmente, no caso deles, essa descoberta chegou muito tarde.

Embora pareça formal chamar o parceiro pelo nome, é preciso fazê-lo. Como mostra o exemplo desse casal, seu relacionamento pode depender dessa decisão! Você vai sentir mais respeito por ele e ele por você. Lembre-se: você é uma pessoa adulta e diferente dele e, por essa razão, vocês não deveriam se chamar por meio de expressões idiotas. "Tico" e "Teca", por exemplo, não estão na ordem do dia. O que acontece quando você começa a chamar seu marido de "meu docinho" pode ser muito mais destrutivo para ele do que para você. Essa não é uma palavra de conotação masculina e por isso seu marido muitas vezes se sente à vontade para falar com você em uma vozinha de criança quando vocês estão em casa (veremos mais sobre essa questão no Capítulo 2).

No início de qualquer relacionamento, quando ainda estamos usando os nomes próprios, vemos o parceiro como um ser sexual. Ficamos um pouco nervosas na presença dele, nos sentimos muito femininas e fazemos um esforço para apresentarmos uma boa aparência quando ele está por perto. Ele é um homem e você, uma mulher. Lembra-se de que no primeiro encontro, quando seus olhos se encontravam, um "choque" percorria seu corpo? Você sentia todo o poder e toda a carga erótica dessa sensação. E isso é fundamental para a vida, não é mesmo? Agora sabemos que é praticamente impossível manter acesos a excitação e o nervosismo do primeiro encontro, mas é possível manter a tensão sexual. E vamos mostrar a você como fazer isso.

Procure recordar como era gostoso dizer o nome de seu marido quando vocês começaram a namorar ou quando você ligava para o trabalho dele e pedia para que o chamassem.

Você provavelmente pensava: *nossa, eu gosto desse cara e gosto do nome dele.*

Nós sabemos que é muito difícil resistir ao "esquadrão do apelidinho" a seu redor. É fácil chamar um ao outro de "docinho" porque todo mundo faz isso. Você provavelmente viu seus pais agirem dessa maneira e achou aquilo gostoso. Todas as suas amigas provavelmente chamam os maridos por um apelidinho e podem pensar que você é muito formal se chamar seu cônjuge pelo nome próprio. Sendo assim, por que você iria desafiar um hábito adotado pela maioria dos casais? Porque o resultado será mais paixão e mais sexo! E isso vai melhorar e aprofundar o relacionamento e a ligação entre vocês.

O que é o diálogo sexual?

Muitas mulheres ficam surpresas quando o marido as trai com uma mulher menos atraente do que elas. Por que os homens às vezes transam com mulheres menos atraentes do que as próprias esposas? Porque o interesse sexual é criado pela química mental entre duas pessoas e, quando a química está ausente no lar, pelo menos um dos dois vai procurar encontrá-la em outro lugar. O fato de que a outra pessoa seja mais ou menos atraente não determina a química. Por exemplo: se outra mulher chama seu marido pelo nome, olhando-o diretamente nos olhos e se comportando de uma maneira confiante e feminina enquanto em casa vocês estão usando vozes idiotas e chamando "mozinho" para cá e "docinho" para lá, o que você espera que aconteça? Claro, é muito provável que a maioria dos homens (e muitas mulheres) ceda à tentação. Nessa armadilha, a tentação de trair aumenta muito. Aqueles entre nós que traem o parceiro fazem isso principalmente porque o diálogo sexual do casal acabou, o que geralmente começa com o uso de apelidinhos.

Dessa forma, o que é o diálogo sexual? Não estamos necessariamente falando de linguagem erótica na cama (apesar de isso às vezes ser divertido). Estamos nos referindo à forma como todo dia usamos palavras, gestos e olhares na comunicação com o outro. É isso o que mantém o fogo do desejo aceso entre vocês — e não comprar lingerie sexy ou planejar uma "noite de namoro". Esses dois recursos (que muitos livros recomendam) não alcançam o núcleo do desejo sexual (ou da falta dele). O desejo sexual depende da forma como nos comunicamos e nos relacionamos, e não do que escolhemos vestir ou do local onde jantamos. Quando um homem ou uma mulher traem o compromisso, provavelmente estão sentindo falta do diálogo sexual do início do relacionamento. Na verdade, em muitos casos nem sequer sabemos que sentimos falta disso até termos essa experiência com um estranho e aquilo encontrar ressonância dentro de nós. Uma experiência dessa ordem pode ser muito poderosa. Se for levada às últimas consequências, os resultados podem ser trágicos: mais infelicidade, culpa extrema e possibilidade de divórcio. Podemos pensar que esse diálogo do qual sentimos falta pode ser estabelecido com mais facilidade com um novo parceiro, mas isso não é verdade.

Em suma: se não procurarmos os motivos pelos quais perdemos o diálogo sexual, a tensão sexual ou o desejo pelo outro, estaremos condenados a repetir o mesmo padrão com novos parceiros. Vamos viver uma vida insatisfatória de infelicidade com outro parceiro ou continuar a procurar novos parceiros na tentativa fútil de recuperar o tesão perdido.

O casal a seguir é um exemplo de duas pessoas que perderam completamente o diálogo sexual: Vince era executivo de uma importante empresa publicitária de Manhattan, o que significa que ele com frequência precisava socializar com os clientes. Sempre que Vince ligava para a mulher avisando que não poderia jantar em casa porque ia sair com um cliente, ela respondia: "Tudo bem, doce de coco. Vá em frente e continue a trabalhar." E ela dizia isso na voz esganiçada de garotinha que ela gostava de usar quando falava com o marido. Certa noite, ele ligou para avisar que tinha que levar um importante cliente ao teatro e, depois, para jantar. Ela respondeu: "Vai fundo, meu docinho. Eu estou de pijaminha e com as peludinhas — ela gostava de usar pantufas com carinhas de poodles peludos —, e vou esperar você acordada."

Quando encontrou o cliente, Vince descobriu que se tratava de uma elegante morena de Londres chamada Fiona. A moça se dirigiu a ele com formalidade, pelo nome (Vincent), e isso inesperadamente despertou dentro dele um sentimento. Pela primeira vez em muitos anos ele se sentiu novamente um ser sexual. Os pais o chamaram de Vincent em homenagem ao legendário roqueiro Gene Vincent e ele sempre preferiu esse nome, apesar de todos os amigos o chamarem de Vince. Durante o jantar, ele percebeu que sentia uma incrível atração por Fiona, principalmente pela maneira como ela pronunciava seu nome e olhava nos olhos dele enquanto conversavam. Ao contemplar o elegante vestido preto e os saltos altos e finos da cliente, ele também não podia evitar pensar na mulher em casa, de pantufas. Depois de alguns drinques, ela o convidou para tomar um café na suíte do hotel em que estava hospedada e eles terminaram a noite transando alucinada e apaixonadamente — experiência que ele não tinha com a mulher há muitos anos. Como era de se esperar, Vince foi para casa sentindo uma culpa enorme.

A mulher estava esperando por ele acordada, de pé na porta usando os pijamas e as pantufas de cachorrinho. Em sua vozinha infantil favorita, ela disse alegremente:

— Oi, pudinzinho, eu achei que você ia gostar de um chocolate quente!

O que aconteceu com Vince e sua esposa é muito frequente. Eles deixaram suas personas se transformarem em uma dinâmica de menino/menina, em vez de manterem uma relação apropriada à idade, já que eram adultos passados dos quarenta. Quando a mulher de Vince o chamou de "pudinzinho", essa expressão teve um efeito sutil, mas intenso, sobre o seu sentimento de masculinidade. A voz e a personalidade infantil da mulher faziam com que ela lhe parecesse profundamente assexuada. Quantos homens desejam arrancar as roupas de uma mulher que calça pantufas de cachorrinho e fala como uma garotinha? Não muitos.

Mais tarde, Vince nos contou em particular:

Alguma coisa aconteceu quando ouvi Fiona dizer meu nome diversas vezes com aquela voz cheia de feminilidade. Ela atingiu meu cérebro em um lugar diferente e eu não estava acostumado com isso. Imagino que aquilo tenha despertado meu "macho interior" e me senti mais másculo, em vez de me sentir como um garotinho, como acontece em casa.

O tema dominante nesse tipo de relacionamento é que, quando um casal perde o diálogo sexual diário, tal como Vince e sua mulher, é extremamente difícil sentir tesão pelo parceiro ou pela parceira. Ao continuar a falar um com outro dessa maneira, eles passaram para uma dinâmica de irmãos ou de menino/menina, que definitivamente não é sensual. Interpretar papéis *durante o sexo* é algo que alguns casais fazem (o que pode ser muito bom), mas o hábito da mulher de Vince era algo diferente. Esse comportamento não criava uma fantasia sexual. Ele continuou fora do quarto (onde deveria ter permanecido), invadindo a comunicação diária e até mesmo se transformando na persona habitual da esposa. Os casais podem facilmente cair em uma zona de conforto com esses apelidinhos, com a inflexão da voz e as atitudes — quer isso comece no quarto, ou não. Infelizmente, muita gente não percebe o dano que isso causa (e provavelmente já causou). Talvez a mulher de Vince achasse que a voz de garotinha era graciosa no quarto, mas não pôde ver o mal de se comportar dessa forma o tempo todo. No entanto, essa atitude aparentemente inocente não despertava no marido qualquer desejo sexual. Às vezes, quando um dos parceiros adota esses apelidos e essa forma de falar, o outro segue sem pensar... e entra em uma espiral descendente em direção a um casamento sem sexo.

Durante os primeiros anos de um relacionamento, *qualquer coisa* pode contribuir para estimular o casal, porque os parceiros estão experimentando algo (ou melhor, alguém) ainda bastante novo e excitante. No entanto, o problema começa quando esses hábitos são fixados em um relacionamento duradouro. É aí que eles se tornam maus hábitos. Muitos casais não veem que esse comportamento é prejudicial porque qualquer coisa funcionava quando o relacionamento era ainda bastante recente. No entanto, os costumes introduzidos no relacionamento durante os primeiros anos — quando os dois começaram a ficar mais à vontade — acabam por se tornar seriamente prejudiciais nos anos seguintes. A atração sexual pode continuar a ser intensa em um relacionamento de longo prazo, mas existe uma dinâmica que precisa ser mantida quando o relacionamento começa a passar da fase da novidade. Talvez a voz de garotinha da mulher de Vince fosse estimulante para ele no início, mas esse tipo de comportamento não resiste ao tempo se for usado diariamente.

Muitos casais experimentaram alguns dos conselhos tradicionais de outros livros de autoajuda, mas infelizmente isso não mudou em nada suas vidas sexuais, porque aqueles conselhos não tratam do problema real — os maus hábitos do casal no cotidiano. Ao manter esses hábitos destrutivos adquiridos no início do relacionamento, os parceiros sem querer prejudicam ainda mais sua química. Infelizmente, os conselhos dos outros livros podem ser comparados a levar o carro à oficina porque o motor não funciona bem e ouvir do mecânico: "Vamos pintar a carroceria e ele vai ficar ótimo!". O próximo casal experimentou os conselhos encontrados em tantas obras de autoajuda para a vida sexual — concentrando-se na pintura do carro, em vez de abrir o capô.

Um fim de semana não muito sexy

"Meu marido e eu temos um excelente casamento... acho!", afirmou Irma, uma mulher atraente que tem aproximadamente trinta anos e conta oito felizes anos de casamento com o marido, Guy. Ela prossegue:

Amamos muito nosso filho, Dashiel. Ele tem 3 anos e é claro que dá bastante trabalho, mas trouxe uma imensa alegria e muita diversão para nossas vidas. Quando ele nasceu, nossa vida sexual ficou em ponto morto durante um ano, o que acho que acontece à maioria dos casais. Estávamos atolados com o trabalho e as emoções que vêm quando colocamos uma nova vida no mundo, e não voltamos à atividade sexual de antes. Não é que não quiséssemos. Costumávamos brincar, dizendo que nossa vida sexual tinha ido "ao banheiro", mas não chegávamos a nos preocupar com isso, porque o resto do casamento era maravilhoso: nosso filhinho era incrível, nossa primeira casa era bonita e nossas carreiras também iam muito bem. Como tanta coisa boa, pensei: *por que reclamar da falta de sexo? Isso vai voltar ao normal por si mesmo.* No entanto, isso não acontecia, e acabei por comprar pilhas de livros de autoajuda para ver o que podíamos fazer a respeito. Guy levou a situação muito bem e começamos a tentar coisas diferentes.

Em uma sexta-feira à tarde deixamos Dashiel com a avó para nos darmos um "fim de semana de sexo". Comprei um monte de roupas íntimas novas e até mesmo lençóis de cetim. O fim de semana foi bem. Nós transamos uma vez, mas infelizmente não tive um orgasmo — acho que fazia tanto tempo que eu nem sequer me masturbava que esqueci de como transar. Portanto, embora os dois dias tenham sido divertidos, eu certamente não pude chamar aquilo de "fim de semana de sexo". Passamos a maior parte do tempo vendo filmes antigos e comendo pizza na cama, o que foi muito bom, mas acabamos ficando muito tempo apenas abraçadinhos.

Quer dizer, em comparação com a maioria dos casais que conheço, eu acho que devemos ficar agradecidos por termos passado um fim de semana realmente divertido juntos na cama. A maioria das minhas amigas não consegue fazer uma coisa como essa sem ficar de saco cheio ou brigar por qualquer motivo. Portanto, no momento estamos felizes porque nos abraçamos muito. Talvez em algum momento no futuro voltemos a ter as transas selvagens que tínhamos no início... pelo menos é o que espero.

Perguntamos a Irma como o marido e ela chamam um ao outro em casa e em público. Ela respondeu:

Bem, em público nos chamamos de "querido" e "querida", mas em casa ele é "papaizinho" e eu sou "mamãezinha" — nossa versão de papai e mamãe. Quando saímos para nosso fim de semana de sexo, Guy perguntava: "Mamãezinha, quer aquela conchinha especial?". Acho que isso não é muito sensual, não é mesmo?

Não, não é. A maioria dos casais não percebe o poder destrutivo desses apelidos infantis. Eles nem sequer notam que algo está acontecendo. Tal como Irma e Guy, em geral estão muito confusos, sem saber por que não sentem desejo, mas se conformam, pensando que isso é normal em um relacionamento.

Infelizmente, a maioria dos casais se sente incapaz de reverter um período de escassez de sexo, limitando-se a esperar que essa fase acabe, o que raramente acontece. O fato é: sempre que usamos esses apelidos infantis diariamente, enfraquecemos nossa identidade sexual. Imagine um cavalo que puxa uma carroça todo dia por uma estrada enlameada. Com o tempo, os sulcos da estrada ficam tão fundos que a carroça passa a rodar neles como em um trilho e não consegue mudar de direção. Da mesma forma, como você vai mudar a direção do cérebro para uma modalidade de funcionamento erótica depois de ter passado o dia todo na modalidade "docinho"?

A velha Dona Encrenca

Às vezes aqueles termos supostamente carinhosos podem assumir um aspecto ainda pior — e nem um pouco carinhoso. E isso é ainda mais destrutivo. Alguns casais usam apelidos francamente rudes, grosseiros, e até mesmo agressivos. Muitas vezes, o parceiro ofendido aceita esse comportamento, e em geral não protesta porque o outro alega que "é só uma brincadeira". Por exemplo: quantos de nós já ouvimos alguém chamar a esposa de "Dona Encrenca"? As palavras exercem um impacto marcante sobre nossa psique e a repetição constante de nomes como esse não encoraja um relacionamento amoroso e sensual, nem um sentimento de autoestima.

Na Espanha, por exemplo, é muito frequente ver os cônjuges se chamarem de *gorda* e *gordo*. Conversamos com diversas pessoas cujos pais costumavam usar essas expressões "afetuosas" quando eles eram crianças, muitas vezes chamando também os filhos de *gordito* ou *gordita*. Uma mulher chegou a afirmar que acabou por ficar anoréxica por ter crescido com sentimento de que seria sempre uma "gordinha". Ela nunca se considerava magra o bastante, mesmo quando pesava menos de 50kg. Na Espanha, até as palavras *feo* [feio] e *enano* [anão] são usadas como expressões carinhosas dirigidas aos filhos ou aos parceiros. O que acontece com alguém que é chamado dessa forma o tempo todo? E que tipo de imagem isso cria na mente de quem usa o termo? Se seu parceiro chamá-la de "minha gordinha" o tempo todo, não acha que na mente dele você acabará por *se tornar* gordinha? E isso afeta as duas pessoas envolvidas no relacionamento. Mesmo que algumas pessoas afirmem estar "acostumadas" e não se incomodarem muito com isso, será que essa prática deve ser aceita? Nós achamos que não.

Se você conhecesse alguém em um encontro às escuras e ele começasse a chamá-la de gorda, você não teria vontade de lhe dar uns tapas? Nesse caso, porque permitimos que essas palavras sejam usadas todo dia só porque quem as emprega é alguém que conhecemos bem? Isso simplesmente não é admissível. Da mesma forma, se você começar a namorar um cara e ele a apresentar aos amigos como "minha velha" ou Dona Encrenca, você não ficará ofendida? Com certeza! Ouvir alguém chamá-la de "minha velha" o tempo todo não vai fazer você se sentir sexy, jovem e cheia de vida, não é mesmo? E tenho certeza de que seu parceiro também não gosta de ser chamado de "meu velho". As palavras são importantes. Elas podem ter muita força, principalmente quando repetidas, pois se acomodam em partes de nosso cérebro e podem ter um impacto relevante na maneira como nos vemos e vemos nossos relacionamentos. E, com frequência, quanto mais você for chamada por uma palavra, mais começará a acreditar que aquilo deve ser verdade — tal como acontecia com a "gordinha" de 50kg.

Conversamos com uma mulher na casa dos cinquenta chamada Olivia, a mãe de duas lindas adolescentes. Ela teve que tolerar ser chamada pelo pior apelido de que ouvimos falar.

Depois que passei pela menopausa, há poucos anos, meu marido, Doug, começou a me chamar de "pepeca morta". No início, até minhas filhas achavam aquilo engraçado, portanto aceitei a piada. Com o tempo, porém, a coisa começou a realmente me incomodar. Quer dizer, para mim a menopausa foi um período muito difícil do ponto de vista emocional. Eu sentia que uma parte importante da minha feminilidade estava morta. Portanto, acabei por dizer a meu marido para parar com aquilo. E sabe o que ele respondeu? Que eu não tinha senso de humor. Ele ainda me chama de "pepeca morta" de vez em quando, mesmo sabendo que isso me incomoda. Ele faz questão de repetir essa expressão quando uma das crianças está por perto, porque acha que vai provocar risadas. Eu realmente odeio isso. Não acho nenhuma graça e fico extremamente zangada e ressentida quando ele me chama dessa forma. Mesmo sendo uma coisa ocasional, ainda me incomoda. Normalmente, temos uma boa parceria e ele é um pai maravilhoso para as meninas, mas o que ele chama de senso de humor realmente não é engraçado. Toda vez que ele usa esses apelidos idiotas, tenho vontade de começar a chamá-lo de "princesinha", "minipau", "seu moleza", ou até mesmo por uma expressão totalmente neutra como "doador de esperma"! Imagino como ele vai se sentir se eu começar a chamá-lo por uma dessas expressões de vez em quando!

Não perguntamos a Olivia como andava sua vida sexual ultimamente. Para sermos sinceras, já sabíamos qual seria sua resposta. Ser chamada de "pepeca morta" definitivamente não a faria sentir-se sexy. Ela parecia ter tanto ressentimento acumulado contra o marido que sinceramente duvidamos que role algum sexo naquela casa. Desejo e ressentimento não combinam.

Do primitivo ao pré-escolar

Os apelidos não fazem bem ao relacionamento, sejam eles cruéis ou engraçadinhos. Um apelido pode ter sido mortalmente engraçado no pré-escolar, mas não agora, quando se espera que vocês sejam dois adultos sexuais, como ilustra o próximo casal.

Ted e Mindy vivem juntos há mais de dez anos e são mais um casal a ter problemas no sexo por usar a palavra "docinho". Nenhum dos dois queria ter filhos, por isso eles têm muito tempo livre para compartilhar interesses. O casal tem quatro cachorros — todos adotados de um abrigo de sua região — e passa grande parte do tempo levando os animais em caminhadas ou passeios no parque próximo de casa. Os dois adoram a vida ao ar livre e passam pelo menos um fim de semana por mês viajando em seu trailer para lugares novos nas montanhas ou no deserto, levando seus queridos cachorros. Embora não transem tanto como antes, ainda são grandes amigos e nenhum dos dois jamais pensou em traição. Mindy recorda:

No início, Ted era o cara mais másculo que eu conhecia. Era meu homem ideal. Ele trabalha no ramo da construção civil e jogou futebol americano na faculdade, portanto seu corpo sempre foi musculoso e definido. Quando eu o conheci, pensei: *caramba! Esse é o homem perfeito para mim.* Um tipo de machão como Michael Madsen, mas muito carinhoso e tímido. Nunca vou esquecer uma das primeiras vezes em que transamos. Enquanto tomávamos um banho de chuveiro juntos, Ted me olhou nos olhos sem sorrir. O olhar dele dizia: "Vou te comer agora mesmo!" Foi o olhar mais sexy que recebi de um homem! Os olhos dele me penetravam — como um animal selvagem, ele tinha me capturado e não ia me deixar fugir. Ele era tão másculo, tão dominante, tão primitivo! Ele só ficou olhando meus olhos sem sorrir, mas tocando delicadamente minhas costas, meus seios e minha vagina. Então ele disse: "Meu Deus, Mindy, você é tão gostosa!" A maneira como ele disse meu nome naquele momento, em uma voz baixa e gutural, quase me fez ter um orgasmo no chuveiro, antes mesmo de começar a transar! Foi o momento mais erótico de toda a minha vida.

Continuamos a ter relações sexuais fantásticas nos primeiros anos, mas então por alguma razão começamos a nos tornar mais amigos que amantes. Como todos os casais, também começamos a chamar um ao outro de "docinho" e, pouco depois, Ted começou a chamar sexo de "nhanhada". No início, achei aquilo engraçadinho e a coisa pegou. Quando queria transar, ele perguntava: "Meu docinho, quer *nhanhar* hoje?" Até eu comecei a usar a palavra. Mas, quando penso no passado, vejo que quando começamos a usar apelidos para nós mesmos e para o sexo, o ato ficou cada vez mais raro.

Eu ainda não acredito que esse seja o mesmo cara que me olhou daquela maneira no chuveiro há tantos anos e falou meu nome do modo como falou. Aquele cara queria demais "me comer", mas hoje quer "uma nhanhada com seu docinho". De alguma maneira, ele perdeu aquela masculinidade primitiva que tinha no início e não tenho certeza de que possa recuperá-la. Na verdade, eu vejo meu "mozinho" como familiar demais e não consigo ficar excitada o bastante para transar com ele muitas vezes. Agora ele é só meu "docinho", entende?

Quando seu parceiro começar a usar apelidinhos para o sexo, diga que você prefere que ele diga que "quer fazer amor com você", "fazer sexo com você", ou simplesmente "transar com você". Não faça o que Ted e Mindy fizeram: usar palavrinhas bobas para chamar um ao outro e para o sexo. Sexo é erótico. Sexo é sensual. Sexo não é uma "nhanhadinha"! No início, o relacionamento deles era tão intenso e tão saudável, mas infelizmente eles o sabotaram quando começaram a usar essas palavras infantis.

Vamos começar a pensar em como você agiria se estivesse conhecendo seu parceiro agora. Ponha-se novamente naquela situação e aja de acordo. No início, vocês se chamavam pelo primeiro nome, certo? E também não usavam palavrinhas engraçadinhas para se referir ao sexo. Por exemplo, será que seu novo parceiro perguntaria: "Meu docinho quer dar uma nhanhadinha?" Nós achamos que não. Usar os nomes próprios um do outro é o ponto de partida. Pode parecer um passo insignificante, mas acredite que não é. Nomes e palavras exercem um impacto profundo e duradouro, portanto acredite no processo. De início, pode parecer estranho, como se o relacionamento de vocês estivesse regredindo, mas isso *vai* funcionar! Às vezes você precisa recuar para poder retomar à direção correta.

Portanto, não tenha medo de começar a usar os nomes próprios. Você precisa ficar vigilante e não deixar que a palavra "docinho" seja dita em sua casa, a não ser para falar com o cachorro. Trate de abolir a palavra para sempre. Corrija seu parceiro se ele usar qualquer apelidinho para falar com você. Sabemos que é muito difícil quebrar hábitos sedimentados ao longo dos anos, mas vale a pena. Logo você vai perceber uma diferença sutil na sua química. Para você, seu marido não vai parecer apenas um "fofinho, ursinho, tchuquinho", mas será o amante másculo que ele foi e ainda pode ser. Ele também vai ver você de outra maneira. Não como a "coisinha" que espera por ele de pantufas, mas como a amante sensual e feminina que você sabe que, no fundo, ainda é.

Deem um tempo um ao outro para permitir que seus subconscientes sexuais reajam ao fato de vocês se chamarem por seus nomes. O poder das palavras é mesmo surpreendente. Ao deixar para trás a natureza destrutiva dos apelidos doces e reconhecer a natureza restauradora de chamar um ao outro pelo nome, você precisa dar tempo à sua mente para que as mudanças aconteçam. Ninguém consegue forçar a atração e o desejo. No entanto, se vocês mudarem a maneira de se tratarem, o cérebro vai fazer o resto — sem que você sequer perceba. Sim, é fácil chamar alguém de "mozinho" porque todo mundo faz isso. Mas, se você escolher o caminho menos percorrido e parar de chamá-lo dessa forma, será imensa e prazerosamente recompensada. Nós prometemos.

PARA FUGIR DA ARMADILHA DOS APELIDINHOS

1 Pare de chamá-lo por nomes doces e andróginos, como "doce de coco", "pudinzinho", "docinho". Sim, mesmo uma gracinha como "mozinho" deve ser banida!

2 Lembre-se de que o uso dos nomes próprios tem uma potência sexual. Masculino e feminino. Homem e mulher. Saboreiem o poder, a importância e a sensualidade dos seus nomes.

3 Não permita que o ato sexual também ganhe um apelido. "Nhanhada", por exemplo, não é sexy e não faz ninguém desejar o outro.

4 Leve seus pensamentos sobre o parceiro para o início da relação, quando vocês ainda não eram íntimos a ponto de criarem esses maus hábitos. Comece daí e desfrute a novidade mais uma vez.

5 Deixe que o poder de usar os nomes próprios envolva vocês e abra as comportas de seu novo diálogo sexual.

Capítulo Dois

Pare de falar como um bebê

Não há nada pior para matar o tesão do que ouvir um homem falar com a mulher em uma vozinha infantil.
SAMANTHA, 42 ANOS

Desde que tivemos nosso filho, meu marido me chama de mãezinha. Sei que isso não devia me incomodar, mas incomoda.
HEIDI, 32 ANOS

NO CAPÍTULO ANTERIOR, mostramos que o hábito de usar expressões como "docinho" para falar com o cônjuge quase sempre degenera para o uso de nomes mais infantis como "conchinha do papai", ou para coisas realmente patéticas, como "mozinho" e "mozão". Juntamente com esses apelidinhos, geralmente vem uma mudança no registro da voz, de uma maneira normal e adulta de falar para alguma coisa semelhante à expressão de uma criança de 3 anos... a temida "fala de criancinha". Por que isso acontece? Porque, uma vez tendo aberto a caixa de Pandora com uma expressão como "meu docinho", surgirão maus hábitos que podem ficar ainda mais arraigados na rotina. Todos nós já vimos casais falando como crianças e nós também já fizemos isso. Infelizmente, essa é outra maneira de causar uma mudança prejudicial no relacionamento. Isso pode nos transformar de adultos sexuais em crianças assexuadas, ou pior: pode estabelecer no casal uma dinâmica do tipo mãe/filho ou pai/filha. O uso de linguagem infantil é mais um assassino do desejo.

Essa prática é vista em casais jovens ou velhos, ricos ou pobres. Até mesmo as pessoas mais poderosas do mundo fizeram isso. Por exemplo, Reagan, o ex-presidente dos Estados Unidos, com frequência se referia à esposa Nancy como a "mãezinha" (R. Reagan, *Os diários de Reagan*). Um dos homens mais poderosos de sua época chamava a mulher de "mãezinha"! Percebe como essa prática é disseminada?

Se essa maneira de se expressar faz parte de seu relacionamento, você precisa mudar imediatamente esse hábito. Não é inocente, não é bonitinho e com certeza não é sexy. Essa é mais uma das maneiras através das quais os casais inadvertidamente destroem a sexualidade do relacionamento, como ilustra a próxima história.

Eu e Mrs. Jones...

Janet e Casey viviam juntos há 12 anos. Segundo o relato dela, nos primeiros anos a vida sexual era fantástica. Ela planejava as noites de sexo com antecedência de vários dias e, quando o momento esperado finalmente chegava, a expectativa o tornava ainda mais excitante. Então eles tiveram o primeiro filho, um belo menino chamado Adam, e tudo mudou.

O ritual da noite de sexo acabou. Janet é professora e Casey é gerente de um banco — profissões muito exigentes. Com as responsabilidades imensas de cuidar de um recém-nascido, eles sentiam que não havia tempo ou energia suficiente para a vida sexual. Para piorar a situação, Janet começou a chamar Casey de "paizinho" e ele começou a chamá-la de "mãezinha". Eles dizem que não conseguiram evitar. Como Janet conversava com o bebê em uma vozinha infantil, começou a usar dentro de casa o tempo todo a mesma maneira de se expressar, mesmo quando falava com o marido. Os dois achavam que isso era divertido e bonitinho, e não viam nenhum mal nessa prática.

Então, Janet começou a se perguntar quando tinha sido a última vez em que fizeram amor. Segundo Janet nos revelou, quando Adam completou 3 anos, os cálculos dela mostraram que o casal não tinha transado mais que algumas vezes desde o nascimento do filho. Contudo, suas amigas diziam que isso não era motivo para preocupação. Elas afirmavam que era normal parar de transar com a chegada de um bebê, principalmente o primogênito. Por mais normal que algumas pessoas considerem essa situação, esse tipo de seca sexual não se resolve por si mesma. A causa desse dilema comum não era a criança recém-chegada às suas vidas, mas o resultado da mudança na comunicação entre Janet e Casey depois que eles se tornaram mãe e pai.

Uma tarde, quando foi pegar o filho na creche, Janet começou a conversar com um pai solteiro sobre a filha dele, que gostava de brincar com Adam. Ela ficou fascinada pela voz grave e sensual do interlocutor e pela forma como ele dizia o nome dela. Janet admitiu que naquele momento sentiu um impulso de atração.

Ele tinha sido DJ em uma rádio, e eu sei que isso parece brega, mas a voz dele era como veludo. Cada vez que eu deixava meu filho na creche, procurava aquele homem. Até hoje não quero dizer o nome dele porque ainda me sinto muito culpada. Algumas vezes esperei no carro por mais de uma hora para poder me encontrar com ele. Comecei a me sentir como se estivesse perseguindo esse cara, mas não conseguia evitar! Embora às vezes a temperatura passasse de trinta graus, eu esperava no carro com o motor ligado e o ar-condicionado funcionando, para poder vê-lo e falar com ele quando chegasse. Sentia que precisava vê-lo para não ficar deprimida o resto do dia. Percebi que, quando nos encontrávamos e conversávamos por alguns minutos, falávamos cada vez mais sobre nossas vidas pessoais e menos sobre as crianças.

Eu estava ficando tão obcecada por ele que já não era suficiente vê-lo por alguns minutos na porta da creche. Portanto, uma manhã eu o convidei para tomar um café, sabendo muito bem que estava dando mais um passo no caminho para trair Casey. Eu me sentia culpada e com medo de encontrarmos alguém que me conhecesse. Ele me disse que morava sozinho, estava divorciado há pouco tempo e tomava conta da filha durante nove meses por ano. Ele me informou explicitamente que não estava saindo com ninguém. Com o passar das semanas, o encontrei várias vezes no mesmo café e descobri que estava cada vez mais interessada. Ele sabia que eu era casada, é claro, mas apesar disso queria continuar a me ver, mesmo que fosse apenas para tomar um café. Preciso dizer que me sentia novamente uma mulher apenas pela maneira como ele falava comigo e me olhava nos olhos.

Percebi que estava partindo para a infidelidade no momento em que, pela manhã, depois que Casey saía da cama, passei a me masturbar pensando naquele homem da creche. Eu não conseguia entender por que estava fazendo aquilo! Por que estava pensando em arriscar meu relacionamento e minha família por um homem que mal conhecia? Quando penso nesse assunto, percebo que ele não era mais bonito que meu marido, nem tão divertido. Ele não era sequer tão interessante quanto Casey. Mas havia alguma coisa na maneira como me sentia com ele que me afetava a ponto de perder o controle.

Um dia, quando estávamos no café, ele me beijou e começou a acariciar minhas costas. Eu estava tão excitada — nós dois estávamos — que começamos a fazer planos para passar algum tempo juntos a sós durante o dia em algum lugar que oferecesse privacidade. Nesse exato momento, pelo canto dos olhos, vi a mulher do melhor amigo de Casey olhando para nós do outro lado do café. Rapidamente, ela desviou os olhos e foi embora. Ela não me cumprimentou nem veio falar comigo — e essa mulher esteve em minha casa diversas vezes —, então quem sabe por quanto tempo ela esteve nos observando e o que estava pensando?! No entanto, eu tinha certeza de uma coisa: sem sombra de dúvida, o marido dela ia saber do ocorrido, provavelmente assim que ela voltasse para o carro e usasse o celular.

Entrei em pânico e saí imediatamente do café. No fim do dia, quando vi meu marido, tive certeza de que precisava confessar tudo. Eu estava aterrorizada quando ele chegou em casa porque achava que talvez já soubesse de tudo. O amigo dele com certeza lhe diria que sua mulher me viu em uma atitude de muita intimidade com outro homem. E, mesmo que o amigo não dissesse nada a meu marido, eu não gostava da ideia de que os casais que conhecíamos fossem fazer fofocas sobre nós. Eu não queria submeter meu marido àquela situação. Eu realmente respeito e amo meu marido. Portanto, naquela noite contei tudo a ele — como tinha me encontrado com aquele homem diversas vezes, que sentia uma grande atração por ele e que chegamos a planejar um encontro em um motel. Casey ficou arrasado. Nunca mais quero ver aquela expressão de sofrimento no rosto dele. Ele foi para a cama chorando e só voltamos a falar sobre a questão alguns dias depois.

Quando finalmente falamos sobre o assunto, fiquei surpresa ao ver que uma das primeiras coisas que meu marido disse foi: "Bem, acho que tinha que acontecer alguma coisa como essa porque faz muito tempo que não agimos como amantes. Estou feliz porque a mulher de Dan viu você naquele dia. Foi uma sorte, porque se você tivesse levado o caso adiante, seria o fim do nosso relacionamento." Casey foi maravilhoso. Ele me perdoou, embora com muito sofrimento. Neste momento, só de pensar na questão, meus olhos se enchem de lágrimas. Conversamos muito sobre nossa vida sexual, e como a tínhamos deixado morrer, e ambos dissemos que queríamos fazer um esforço sincero para nos colocarmos mais uma vez em uma troca de prazer. Nossa primeira atitude foi sair no fim de semana sem Adam, e tivemos a relação sexual mais cheia de emoção e de amor que experimentamos em 12 anos. Foi realmente bonito.

É estranho, porque depois que tudo isso aconteceu, meu marido e eu paramos de nos chamar de mãezinha e paizinho e de conversar com vozes infantis. Creio que não é possível fazer isso depois de passar por uma experiência tão dolorosa. Senti uma mudança imediata em meus sentimentos para com meu marido, só porque não estávamos mais usando aquela vozinha idiota. Era como se nossa identidade sexual tivesse recuperado a chance de respirar. Depois de algumas semanas conversando como adultos, eu disse a Casey que jamais queria voltar àquela coisa idiota de mãezinha/paizinho, e ele concordou. Em retrospecto, acho que o maior motivo da atração que senti pelo pai da creche foi a experiência de voltar a me relacionar com um homem na condição de mulher. Tornei a encontrá-lo várias vezes e, para ser sincera, não sei o que tinha visto nele. Acho que estava apenas querendo ter um homem que falasse comigo como um adulto.

Somente depois de parar de falar com o marido como se eles fossem criancinhas, Janet percebeu o mal que aquilo fazia à vida sexual do casal e como, com aquela atitude, tinha chegado perto de jogar pela janela o relacionamento deles. Tal como na história de Vince e sua mulher de pantufas que contamos no capítulo anterior, Janet não entendia o que faltava em seu relacionamento com o marido até experimentar uma situação diferente com um estranho. Por sorte, ela pôde interromper o caso com o outro homem antes que a situação se complicasse. O que muitos casais não percebem é o impacto fundamental na química causado pelo tom e pelas palavras que usam. Para Janet e Casey, a chegada de um filho fez com que inconscientemente eles mudassem o tom do diálogo, deixando de ser amantes e parceiros e passando a ser mãezinha e paizinho. Essa atitude talvez parecesse inofensiva na época, e quem sabe até soasse como o passo lógico para pais recentes. Como em qualquer relacionamento, o comportamento do casal evolui de maneira constante. E, naturalmente, a nova relação maravilhosa com um filho pequeno tem um efeito profundo. Sabemos que a chegada de uma criança muda as prioridades do casal. Os dois se tornaram mamãe e papai. Mas é importante lembrar sempre que esses papéis se referem à relação com a criança, e não ao contato entre marido e mulher.

Mesmo nos relacionamentos sem filhos, os casais ainda incorrem nesses maus hábitos. E, muitas vezes, a culpa dessa prática recai não sobre a esposa, mas sobre o marido. Descobrimos que os maridos são mais propensos a usar uma linguagem infantil com as mulheres. Muitos homens parecem continuar a procurar uma figura materna, mesmo já sendo adultos. Quando se casam, às vezes transferem para a mulher o mesmo tipo de afeição que tinham pela mãe. Essa é uma situação compreensível, já que o papel da mulher em um relacionamento duradouro costuma incluir atividades como cozinhar, lavar e passar a roupa, limpar a casa e prestar cuidados gerais ao marido. Naturalmente, seria maravilhoso se todo homem quisesse participar dessas tarefas, ou até mesmo assumir a responsabilidade por algumas delas; todo mundo tem o direito de sonhar, não é mesmo? No entanto, essa não é a dinâmica tradicional. É até mesmo possível que você tenha tentado convencê-lo a assumir algumas das tarefas domésticas, como lavar louça ou passar aspirador de pó. No entanto, talvez ele não seja muito caprichoso e você queira as coisas feitas do seu jeito. (Nós duas nos perguntamos se às vezes os homens não fazem as tarefas domésticas sem capricho para que a mulher acabe por assumi-las!) No fim das contas, em todo relacionamento existem papéis que evoluem no dia a dia e podem dar a impressão de que um dos cônjuges é o cuidador, ou a "mamãe" ou o "papai" de alguém. No entanto, não importa quem faz o que em sua casa; o importante é saber que essas tarefas são simplesmente algo que facilita a vida diária. E só. Não são um convite para que vocês se vejam como algo diferente dos amantes que eram no início e que, com sorte, ainda são.

Em muitos países, os homens saem diretamente da casa dos pais — onde são cuidados pela mãe — para se casar e viver com uma esposa que passa a cuidar deles. Nessa situação, pode acontecer de a mulher se tornar a nova figura materna para o homem. Afinal, ela cuida dele, lava as roupas dele, limpa a casa, prepara as refeições — faz tudo o que a mãe dele costumava fazer. A não ser pelo fato de que maridos e mulheres têm relações sexuais... pelo menos é o que se espera, certo? Contudo, quando chega um bebê, ou até mesmo antes, o marido pode procurar uma namorada. Isso não significa que ele queira abandonar a esposa — ele não quer. A mulher agora é o centro da vida do casal e o centro da vida familiar. Mas, infelizmente, ela não é mais o foco da sexualidade dele. A mulher agora tem um papel maternal a cumprir em casa; e, na mente do marido, ela se tornou a "mamãe".

Esse tipo de dinâmica pode convencer seu marido (e você) de que o relacionamento do casal não é mais sexual. Você agora virou a mãe substituta e a cuidadora. Portanto, o antigo marido, transformado em filho, vai procurar uma namorada. A ironia é que ela pode até mesmo ser casada! Contudo, como não prepara as refeições, não lava a roupa e não cuida das necessidades práticas diárias dele, ele a vê como um ser sexual, e não como uma figura materna. Em linguagem simples: os homens têm emoções e percepções muito arraigadas quanto ao papel da esposa e da mãe, sejam essas percepções conscientes ou não. Tais sentimentos podem desorganizar completamente a vida sexual do casal.

O Complexo de Édipo

Édipo é um personagem mítico da Grécia Antiga que matou o pai e, inadvertidamente, casou-se com a mãe. (Com certeza, não se trata de um cara muito amável!) Ao longo dos anos, diversos profissionais da área de psiquiatria extraíram dessa história muitas referências e conclusões. Sigmund Freud escreveu a esse respeito: "Talvez seja o destino de todos nós dirigir para a mãe o primeiro impulso sexual e para o pai o primeiro impulso de ódio e desejo assassino."

Nós não queremos entrar nesse clima freudiano, mas o que se pode extrair de importante das teorias de Freud e do chamado Complexo de Édipo é que o relacionamento do homem com a mãe é realmente muito complexo. Quando uma mulher se torna mãe (ou mesmo quando adota um comportamento maternal), esse fato muitas vezes provoca no parceiro atitudes e sentimentos que têm origem na infância dele. Alguns homens chegam a achar difícil pensar nas esposas de forma sexual depois que elas dão à luz. A maternidade recente da esposa pode lembrá-lo dos sentimentos que tinha pela própria mãe, e a maioria dos homens não pensa na mãe de forma sexual — pelo menos não conscientemente. Seu marido pode respeitá-la, e até mesmo idolatrá-la, depois de vê-la realizar o milagre da maternidade, mas às vezes esse novo sentimento pode matar dentro dele a chama da sexualidade.

É claro que reconhecemos o fato de que pode ser difícil para seu marido voltar a pensar em você como uma criatura sexual depois que você virou mãe, e também pode ser extremamente difícil para você voltar a se sentir atraente. Você está cansada, com dor nos seios, o corpo não parece o mesmo e não é percebido como era antes — e tem essa nova forma de vida fantástica que precisa de você e exige sua atenção constante. Ter um filho é uma das experiências mais gratificantes da vida. Infelizmente, porém, ela também é tão intensa do ponto de vista emocional e físico que, às vezes, perdemos a nós mesmas de vista nesse processo.

Contudo, como mulheres modernas, não devemos permitir que isso aconteça. O que vamos dizer pode parecer cruel, mas o seu filho não é a sua vida. É claro que você daria a vida por seu filho se ele estivesse em perigo. Mas isso não significa abandonar totalmente a própria vida em benefício dele nas circunstâncias normais. Quantas mulheres deixam os filhos dormirem na cama do casal por muito mais tempo do que seria normal? Quantas mulheres negligenciam os maridos, os amigos e, pior ainda, a si próprias, quando têm um filho? Isso é extremamente comum.

Dá um tempo, por favor?

Nina é uma mãe recente de trinta e poucos anos. Certa noite ela nos explicou como a maternidade mudou sua vida de formas inesperadas:

Quando Joshua nasceu, há dois anos, tudo mudou — minha percepção do meu corpo, meus sentimentos com relação ao sexo e até mesmo minhas impressões a respeito do meu marido, Joe. Acho que até então tínhamos uma boa vida sexual. Vivíamos juntos há oito anos e ainda adorávamos transar, mas, depois que Joshua nasceu, sexo era a *última* coisa em que eu pensava. Além disso, parecia que a vida de Joe continuava praticamente igual ao que era antes: ele ainda trabalhava o mesmo número de horas, jogava golfe uma vez por semana e até mesmo continuava a comparecer à *happy hour* com os amigos na sexta-feira. A minha vida, porém, mudou completamente, e tudo indica que fiquei ressentida com isso. Meu corpo mudou, minha rotina mudou e a ligação emocional e física com meu filho era muito mais poderosa do que eu esperava. Eu já não ligava mais para Joe e não ligava para os meus amigos — só conseguia pensar em Joshua. Meu marido começou a se sentir deixado de lado, física e emocionalmente. Ele também começou a usar uma maneira infantil de falar, e me chamava de mãe, o que me deixava horrorizada. Eu pedi para ele parar com isso, e graças a Deus ele obedeceu, mas às vezes ainda se comportava como uma criança mimada, como alguém que precisava ser confortado por mim. No entanto, eu não tinha ninguém para me confortar. Me sentia como se tivesse dois bebês, em vez de um!

As mulheres não são a única força vital no mundo, mas em geral são o centro emocional da família. Uma mãe com quem conversamos disse que nunca pôde se queixar de estar um pouco infeliz (mesmo raramente) na frente das filhas adolescentes ou do marido. Ela afirmou que a família parecia precisar que fosse sempre esfuziante para que todos se sentissem satisfeitos. Sempre que ela não se sentia muito bem, tinha que fingir, para que os outros não ficassem apavorados. Essa posição de núcleo da família muitas vezes pode ser extremamente exaustiva para a mulher. Também pode deixar muito pouco tempo para ela, o que Nina logo descobriu:

Depois de dois anos quase sem sexo e sem jamais sair de casa porque não confiava em babás, comecei a ficar muito deprimida. Sabia que precisava promover algumas mudanças. Percebi que estava deixando a condição materna devorar toda a minha vida, o que eu sabia que minha mãe tinha feito. Ela nunca teve amigos ou outros interesses, e também nunca demonstrou afeto por meu pai. Apesar de saber que nos amava, ela demonstrava isso de uma forma um tanto sufocante — o que realmente percebi quando entrei na adolescência. Ela queria ser minha melhor amiga e ficava com ciúmes quando eu estava com meus amigos da escola e preferia que não ficasse por perto. Eu me lembro de que ela também ficou muito triste quando meu irmão começou o ensino médio e passou a namorar firme. Meu Deus, você precisava ver a expressão dela no dia do casamento do meu irmão! Ela estava com a cara tão fechada que parecia estar em um enterro em vez de em um casamento! Acho que toda a vida dela girava em torno de nós, o que não era nada bom para ela. E quando meu irmão e eu ficamos mais velhos, aquela atitude também não era boa para nós.

Portanto, disse para meu marido: "Vou arrumar uma babá e nós vamos tirar umas férias em um spa!" Ele concordou alegremente. Fomos para um spa maravilhoso no deserto, perto de Los Angeles, e adoramos, apesar de ser verão. O calor extremo fez as férias inteiras parecerem ainda mais *excitantes*. Joe foi fantástico. Ele nem tentou forçar a barra para fazer amor comigo porque acho que sabia que eu precisava descansar. Ele não se comportou como uma criança mimada, como às vezes fazia em casa. Fiz uma limpeza de pele, duas massagens e passamos algum tempo, à noite, na piscina de água mineral quente, apenas deitados e de mãos dadas. Acho que como (para variar) meu marido cuidou de mim e não estava nem um pouco preocupado com as próprias necessidades, isso me fez desejá-lo de novo, como não acontecia há pelo menos dois anos. Nós transamos diversas vezes naquela viagem e tudo foi realmente muito quente — tanto a temperatura quanto o sexo! Acho que, como eu disse que precisava cuidar de mim, ele quis cuidar de mim, em vez de permitir que eu fosse sempre a cuidadora. Graças a Deus, a criança mimada voltou para o armário. Eu preferia que ele mesmo tivesse sugerido aquelas férias, mas acho que os homens às vezes não percebem o imenso trabalho que temos como mães.

Agora que expressei minha necessidade de receber cuidados, o que minha mãe não fazia, Joe sabe que de vez em quando preciso de uma folga da função de mãe. Quando não estiver feliz com a maneira como me sinto, vou tomar providências e cuidar para que minhas necessidades sejam atendidas. Pelo bem do meu marido, do meu filho e pelo meu próprio bem. Agora, chamamos uma babá pelo menos uma vez por semana, e eu realmente sinto que estou recuperando minha vida. Comecei a fazer trabalho voluntário em um abrigo para animais nas tardes de sábado, o que acho ótimo, porque adoro animais. Joshua ainda é tudo para mim, naturalmente. Ainda mais agora. Eu o amo profundamente, mas sei que amá-lo não implica em esquecer de mim mesma.

Acho que tive uma mãe excelente, mas também vejo que ela agia um pouco como mártir. Ela sempre disse a meu irmão e a mim que abriu mão de muita coisa para cuidar de nós. Ela sempre nos lembrava de que nunca pôde terminar a escola de arte porque nós nascemos. Eu não quero que meu filho pense que abandonei minha vida por ele. Ele é uma dádiva maravilhosa, mas não é a minha vida inteira.

É difícil alguém se recompensar e se tratar bem quando pensa que o próprio valor depende inteiramente do seu papel de mãe e dona de casa. No caso de Nina e Joe, ela evidentemente precisava de um tempo para si mesma e para aproveitar um pouco mais a vida. Ela chegou à beira de um colapso físico e emocional antes de se permitir uma folga e pedir ajuda. Mesmo que seu marido trabalhe e você cuide da casa, ainda é preciso defender seus interesses e dizer, como Nina: "Preciso de umas férias e de uma babá!" Continue a encontrar maneiras de sair daquela atitude de "apenas mãe". Se para isso for preciso chamar uma faxineira de vez em quando ou pedir a seu marido para ajudar nas tarefas domésticas, faça. Essa atitude é necessária para garantir que você e ele continuem a ser os parceiros sexuais adultos que costumavam ser.

Mario e sua *mamacita*

Diane é uma mãe recente de San Diego e tem 40 anos. Ela conheceu o marido, Mario, há dez anos, quando os dois eram militares. Mario ainda é militar e, na verdade, é um comandante de alta patente no Exército dos Estados Unidos. Os dois vivem em uma casa muito espaçosa em uma bela região costeira com Lily, a filha de 1 ano de idade do casal. Quando ficou grávida, Diane ficou feliz em abandonar a carreira porque sempre quis ser mãe em tempo integral. Ela foi criada em uma instituição de adoção do Texas e nunca conheceu os pais biológicos, portanto decidiu criar a filha de uma maneira diferente da forma como foi criada.

Mario e eu sempre fomos muito unidos, principalmente porque nós dois fizemos carreira militar. Embora meu marido não tenha sido criado em uma instituição, como eu, eu sabia que a infância dele não tinha sido perfeita. Ele cresceu em uma família de sete filhos, sem um pai. A mãe, a avó e uma tia mantinham a família unida com muito amor, mas às vezes sem muito dinheiro. Nós dois subimos na vida com dificuldade e acho que isso aumentou ainda mais nossa união. Ele adorava a mãe, e eu também a amava. Ela era muito carinhosa e trabalhadora. Eu me lembro de Mario me falar sobre um período em que a mãe trabalhou em três empregos para juntar dinheiro para dar entrada em uma casa. Segundo ele, ela trabalhava tanto que às vezes ia em casa apenas para tomar o café da manhã antes de sair de novo para trabalhar. Ele não tinha ideia de quando ela dormia.

Quando nos casamos e passamos a viver juntos, há cinco anos, notei que as coisas começaram a mudar no relacionamento. Ele esperava que eu lavasse a roupa dele e preparasse as refeições, solicitando essas atenções de forma muito carinhosa e muito convincente. Quando, há dois anos, finalmente fiquei grávida, as coisas realmente mudaram. Em vez de usar os apelidos costumeiros, como "meu docinho", ele começou a me chamar de *mamacita*. Eu protestava: "Ei, eu nem sei falar espanhol, portanto acho que não sou sua *mamacita*!" Mas ele não parou, e aquela palavra passou a ser meu novo nome. Além disso, adotou uma maneira infantil de falar. Nossa filha nasceu há mais ou menos um ano e não fizemos amor desde o parto. Através de uma amiga que ainda é militar descobri que ele tem uma namorada há dois anos — desde que começou a me chamar de *mamacita*. Estou convencida de que, desde que me tornei mãe, ele parou de me ver como parceira sexual. Não consegui suportar a infidelidade dele, principalmente porque acabamos de ter uma filha. Portanto, nós nos separamos.

Encontrei com Mario na semana passada, quando ele veio buscar a Lily, e ele disse que terminou o relacionamento com a namorada e quer voltar para mim. No momento, ele vive na base militar e nós estamos fazendo terapia de casal, o que é muito desgastante. Eu espero que consigamos resolver os problemas e tornar a viver juntos. Sinto falta dele e sei que nossa filha também sente. No entanto, na terapia surgiram muitas questões relacionadas aos sentimentos dele sobre maternidade e sexualidade e, acredite, a coisa é séria. Na terapia, manifestei minha opinião de que o seu hábito de falar como criancinha e me chamar de *mamacita* não ajuda nossa vida sexual e nosso relacionamento, e acho que ele finalmente está começando a entender a questão.

Quando Mario começou a usar uma voz infantil com a mulher, estava ratificando a crença de que Diane agora era a mãezinha dele, e não mais sua parceira sexual. Precisamos ficar atentas a esse tipo de processo assim que ele começa. Como mulheres, precisamos proteger nossa posição de parceiras no sexo com os mesmos direitos do marido. Não deixe que seu parceiro inadvertidamente infantilize o relacionamento. No caso de Mario e Diane, talvez ele nem quisesse ter uma namorada, mas, depois de se programar para ver a esposa como mãe, começou a se sentir insatisfeito como homem. E isso reforçou sua necessidade de procurar uma parceira fora de casa. Diane fez tudo o que podia para mudar esse comportamento, mas, ao contrário do que fez o marido de Nina, Mario nunca mudou.

Os homens podem ser muito convincentes, e às vezes conseguem alterar a percepção que temos de nós mesmas como mulheres e do papel que exercemos em casa. Muitos cresceram em lares com mães que precisaram fazer grandes e pequenas concessões, e as mulheres ainda têm dificuldades de se recusar a aceitar certas condições. No entanto, precisamos lembrar que determinados aspectos do relacionamento não podem ser negociados. Você não é a mãe, a empregada ou a cuidadora, nem é a irmã dele. Mesmo que você precise brigar, faça o necessário! Você é a parceira sexual e a parceira da vida dele e ponto final!

Papai comprou uma bolsa nova

Nem todos os relacionamentos, no entanto, são tão tradicionais. Em nossa sociedade, muitas vezes ocorrem trocas de papéis que podem causar problemas similares. John, de 42 anos, e Cynthia, de 40, são um bom exemplo de casal que tem uma vida doméstica nada tradicional. Porém, os papéis que eles exercem em casa afetaram seus papéis sexuais da mesma forma como acontece a casais mais convencionais. Eles viveram juntos durante 15 anos e até recentemente os dois trabalhavam em tempo integral, em carreiras muito gratificantes: o marido é arquiteto e a mulher executiva da área de publicidade. Durante a maior parte do tempo de convívio, a vida sexual foi bastante saudável — até cinco anos atrás, quando decidiram ter um filho. Infelizmente, depois de muitas tentativas, descobriram que não seria possível uma gravidez por métodos naturais e apelaram para a fertilização *in vitro*. De acordo com Cynthia, o estresse de tentar uma gravidez prejudicou o lado prazeroso da vida sexual. Contudo, eles discutiram o problema e aceitaram a situação, imaginando que o sexo melhoraria depois que superassem esse obstáculo desgastante. Então finalmente foram abençoados com a chegada de duas lindas gêmeas. Como Cynthia tinha o maior salário, o casal decidiu que John deixaria a própria carreira de lado para cuidar das filhas durante os primeiros anos da vida delas. Eles imaginaram que poderiam conseguir uma rotina interessante e recuperar o prazer da vida sexual. Cynthia explica:

Discutimos bastante a questão e decidimos que, como o meu emprego era mais seguro e o meu salário maior, John ficaria em casa com as crianças. Mas descobri que, embora antes costumasse admirar meu marido e considerá-lo um homem inteligente (o meu homem), a partir do momento em que ele começou a ser o pai que fica em casa, comecei a vê-lo e tratá-lo de forma diferente. Não sei por que comecei a chamá-lo de "mãezinha" como piada e, às vezes, como uma maneira de depreciá-lo. Por alguma razão, comecei realmente a me sentir superior a ele. Eu não conseguia entender por que o tratava de outra maneira só porque ele ficava em casa, mas acho que era uma coisa subconsciente, considerando como fui criada — em uma família muito tradicional. Você sabe a que me refiro: uma família típica, com a mãe que fica em casa com as crianças e o pai que trabalha em tempo integral e ganha o pão.

Portanto, embora a decisão de que meu marido ficaria em casa tenha sido consensual, aquilo começou a mexer com a minha cabeça. Nós realmente não transamos muito depois do nascimento das crianças. Para ser honesta comigo mesma, eu passei a vê-lo como um homem castrado e comecei a perder o respeito por ele. Por causa dessa perda do respeito, não sentia mais desejo. Também começamos a brigar mais. Sinto que estou me afastando dele, mas não sei como corrigir o problema.

John e Cynthia se viram em uma situação que se tornou inevitável por questões financeiras. Muitos casais modernos estão passando pela mesma situação. Alguns casais não são afetados pela troca de papéis, mas outros são. Da mesma forma que Mario, Cynthia precisa fazer um grande esforço para não falar com marido de maneira infantil. Na opinião dela, o fato de chamar o marido de mãezinha abala demais o ego dele. John precisa recuperar seu papel de homem tradicional. Ele precisa mostrar que ainda é um homem. É preciso que nunca percamos a identidade de homem ou de mulher, seja qual for o papel assumido na criação dos filhos. Essas identidades precisam ser estabelecidas e respeitadas.

Apesar de ser lugar-comum o homem apelar para uma forma de expressão infantil, as mulheres também não estão livres desse mau comportamento. Daí temos o seguinte cenário: Lucy e Dalton, ambos na faixa dos vinte anos, estão juntos há quatro anos e casados nos últimos dois anos. Lucy é compradora em uma loja de departamentos. Dalton é empreiteiro. O casal tinha uma vida sexual bastante normal no início do relacionamento. No entanto, como é frequente em muitos relacionamentos duradouros, a situação começou a mudar.

Durante um ano e meio, quando começamos a namorar, Dalton e eu realmente nos amávamos e tínhamos um relacionamento excelente. Foi por isso que resolvemos dar um passo adiante e nos casamos. Infelizmente, porém, quando passamos a morar juntos, começamos a nos tratar de outra maneira. Tenho que admitir que, tanto quanto Dalton, deixei que isso acontecesse. A questão é que venho de uma família muito tradicional e rígida, e ele também. Durante todo o namoro, e até mesmo durante o noivado, ainda morávamos com nossos pais. Como sabíamos que nossos pais não ficariam felizes se dormíssemos juntos na casa deles, tínhamos que usar a criatividade para encontrar lugares onde pudéssemos ficar sozinhos. Dalton tinha um carro, e às vezes estacionávamos em uma rua escura e transávamos freneticamente no banco de trás. Era divertido, excitante e definitivamente maravilhoso! No entanto, quando nos casamos, todos os preconceitos sobre como deveria ser o relacionamento de marido e mulher vieram à tona sem que percebêssemos. Naturalmente, era resultado do que vimos em nossa infância. Minha mãe era muito tímida no relacionamento e cuidava dos filhos, enquanto meu pai era controlador e um pouco tirano. E a família do meu marido era exatamente igual, o que provavelmente foi uma das razões para acharmos que seríamos um casal perfeito.

A diferença é que, mesmo tendo sido criados da mesma maneira, em muitos aspectos eu provavelmente fiz mais na vida e na carreira do que a mãe dele e a minha. Eu me formei em uma faculdade de negócios na área de moda. Exceto por viver ainda na casa dos pais, era uma mulher bastante independente. No entanto, de alguma forma tudo isso mudou quando nos casamos. Dalton insistiu em fazer tudo o que fosse importante: "Agora que sou o marido..." dizia. Portanto, ele pagava todas as contas, administrava a conta bancária, que agora era conjunta, e basicamente resolvia tudo o que não fosse cozinhar e arrumar. E eu tinha até mesmo uma mesada semanal. Ele me garantiu que "agora você pode andar pela casa descalça e ser minha mulherzinha e eu vou cuidar de tudo, chaninha". Sendo assim, eu me tornei a mulherzinha e deixei que ele assumisse o controle. Então, por alguma razão estranha, comecei a me transformar em sua garotinha indefesa que não podia fazer nada sem seu cachorrão. As coisas chegaram a tal ponto que sempre que íamos ter uma relação sexual, eu começava a falar como uma menina de 5 anos, totalmente incapaz, perguntando: "Meu cachorrão quer eu fique de quatro e chupe seu pirulitão?" Essa encenação da cama ficou tão predominante que acabamos por agir dessa maneira o tempo todo.

Quando penso no passado, fico enojada com meu comportamento. Porque ele era bem doentio, não é mesmo? Quer dizer, aquilo chegava perto de ser pedofilia! Antes de nos casarmos, eu era uma pessoa do mesmo nível que ele — sexualmente igual, seu par feminino. No entanto, a partir daí a situação continuou a decair progressivamente. Quanto mais eu falava em minha vozinha infantil de incapaz, mais controlador e paternal ele se tornava. Depois de um ano nessa prática, paramos completamente de ter vida sexual porque, francamente, acho que comecei a me detestar e também me ressentia por sentir que era sustentada — ou melhor, uma criança! Eu perdi o respeito por mim mesma e, decididamente, ele também perdeu. Acho que no princípio ele gostava de sua "galotinha", mas depois de um tempo a garotinha se transformou em uma criança amuada e resmungona de que ele não gostava mais. O pior é que nós dois ficamos tão condicionados a nos tratar como o paizão e a garotinha indefesa que não sabíamos agir de outra forma. Nos separamos há poucos meses e agora já rolou tanta merda que não conseguimos nem conversar. Fico surpresa por ver como nossos preconceitos idiotas sobre os papéis de marido e mulher nos transformaram. Se pelo menos soubéssemos como aquela forma de expressão infantil e essa coisa de pai/filha podiam afetar nosso relacionamento, talvez ele pudesse ter sido salvo.

O que aconteceu com Lucy e Dalton foi lamentável, porque no início o relacionamento deles era ótimo. Embora a persona infantil de Lucy fosse realmente extremada, muitas de nós agimos da mesma maneira em menor grau. Ainda que no passado possa ter sido lugar-comum as mulheres usarem uma vozinha infantil para falarem com os maridos ou agirem como criaturas indefesas e até mesmo menos inteligentes do que de fato eram, agora vivemos em um mundo moderno com vantagens e direitos femininos modernos. Não estamos sugerindo que devemos ser formais e não sérias o tempo inteiro, mas sempre existem formas de se divertir e se expressar que não envolvem agir como criança. Marilyn Monroe decidiu adotar uma persona de garotinha indefesa, e muitas mulheres ainda acham que essa é uma maneira de atrair os homens. Apesar de Marilyn ter sido amada por muitos e ter sido muito sexy, segundo depoimentos de quem vivia perto dela, a personalidade infantil dos filmes era muito diferente da personalidade da atriz fora das telas. Mesmo hoje, muitas mulheres ainda são influenciadas pela imagem de Marilyn nos filmes, a ponto de copiar o tom de voz e a inocência infantil, achando que essa é a melhor maneira de ser sexy. Procurar parecer menos inteligentes, menos independentes e muito mais jovens do que realmente somos não só deprecia a condição feminina como promove um relacionamento desequilibrado. Algumas pessoas podem considerar esse tipo de comportamento sedutor, mas será que alguém realmente quer manter uma condição como essa em um relacionamento duradouro? Vamos chamar isso do que realmente é: uma encenação. E esse ato realmente não funciona em uma parceria honesta e equilibrada.

Nós gostamos de chamar esses pensamentos e atos de "sabotagem inconsciente". Os dois precisam reconhecer esses maus hábitos e perceber o que estão fazendo. Se você estiver começando a sentir que está virando a mãe de seu parceiro, encare o problema e converse com ele. Da mesma forma, se perceber que ele a vê somente como mãe, ou mesmo se apenas suspeitar de que ele tenha esse sentimento, é preciso conversar sobre o assunto. Vale o mesmo se um ou os dois começarem a se comportar como crianças. Abra a questão! Se vocês conversarem sobre isso, reconhecerão como esses sentimentos são equivocados. E se discutirem esses conceitos entre si, serão capazes de evitar que eles os afetem. Então, os dois conseguirão se livrar desses pensamentos e mudar de comportamento. Jogue esses pensamentos no lixo conscientemente.

Apenas siga em frente

Apesar de ser muito fácil cair nesses tipos de processos de expressão e pensamento, essas coisas não vão fazer nenhum bem ao relacionamento de vocês. Quanto a você, mulher, não nos interessa se é mãe de um ou dez filhos (ou se tem um casal de chihuahuas), você continua sendo uma mulher com muitas facetas, que vão além de esposa, mãe e cuidadora.

Também não faz diferença que desculpas você tenha, por conta da infância ou da bagagem emocional. Apenas vamos pensar de forma simples: não fique revivendo o passado. Reconheça-o, assuma a responsabilidade por ele, fale um pouco sobre ele e, então, *siga em frente*. Não fique analisando o passado e tentando matá-lo à força de análise. Se você ficar horas questionando a origem desses comportamentos, começará a lhes dar importância excessiva. Você também não precisa de um monte de terapia! Economize seu dinheiro. Pensar demais pode prejudicar a dinâmica natural do relacionamento. Vocês acabam por pensar mais do que o necessário!

Nós duas passamos muitos anos na Inglaterra e trouxemos de lá um conceito muito importante: "Siga em frente!" Os ingleses não discutem os problemas até perder o fôlego como os norte-americanos às vezes fazem. Eles simplesmente falam sobre a questão, reconhecem sua existência e seguem em frente. E só. Nada de ficar analisando eternamente! E, na verdade, isso é suficiente.

Brigar por seu relacionamento sexual é brigar por seu relacionamento como um todo. Pendure em sua geladeira um lembrete que deve se tornar lei: *não falar como bebês, não falar como crianças, não fazer papel de mãe, não fazer papel de pai. Nada disso.* Para seu relacionamento permanecer sexy, saudável e duradouro, é preciso que os dois tenham clareza sobre o que são um para o outro. Vocês são adultos e parceiros sexuais. Esse é o elemento importante que precisa estar presente e continuar nas mentes de vocês.

Sabemos que pode ser difícil encontrar o equilíbrio entre o ser interior e o papel de mãe e esposa. Vale o mesmo para os maridos. Nosso âmago como indivíduos se compõe de muitas partes e, quando esse ser interior está feliz, o resto da vida vai bem. Apaixonar-se e fazer sexo no início era tão fácil, não é mesmo? Bem, vamos voltar aos trilhos e recuperar o comportamento de homem e mulher. Vamos parar com aquele jeito idiota de falar!

ABOLINDO A FALA INFANTIL

1 Quando falar com seu parceiro ou parceira, use sempre uma expressão adulta. Não se deixe cair no hábito de apelar para aquele tom de voz de menininha. Tendo filhos ou não, isso *não tem desculpa*.

2 Quando vocês começarem a se chamar pelos temíveis "mamãe" e "papai", conversem sobre isso, reconheçam o fato e joguem esse comportamento pela janela! Lembrem-se de que é impossível manter essa atitude e ao mesmo tempo preservar a vida sexual.

3 Se você se sentir sufocada por tarefas domésticas, filhos etc., e se sentir física e emocionalmente exaurida, tome uma providência e peça um tempo! Você merece umas férias de vez em quando. Informe seu parceiro de suas necessidades com toda clareza.

4 Lembre-se de que os papéis de dona de casa e mãe não têm qualquer relação com o papel sexual. Mantenha essas coisas muito bem definidas e isoladas.

5 Por mais que você ame seus filhos, lembre-se de que eles *não* são a sua vida. Você e seu parceiro são seres multifacetados. Vocês são adultos dotados de sexualidade. Assuma tudo o que você é.

Capítulo Três

Feche a porta
do banheiro

*O segredo de um casamento feliz é ter banheiros separados.
Isso é essencial. Quando ficamos em um hotel, sempre pedimos
dois quartos para termos um banheiro a mais. É vital ter o
próprio espaço para não ficar o tempo todo em cima do outro.*
SIR MICHAEL CAINE, ATOR E GANHADOR DO OSCAR,
CASADO COM SHAKIRA CAINE HÁ MAIS DE 35 ANOS
(*SYDNEY MORNING HERALD*, MARÇO DE 2008)

*Fico super à vontade com meu mozinho...
nós até fazemos cocô na frente um do outro!*
TIFFANY, 25 ANOS

TAL COMO TIFFANY, MUITA GENTE cai na armadilha
do excesso de familiaridade e intimidade com o parceiro em
todos os aspectos da vida. Sabemos que vocês talvez apre-
ciem a intimidade de poder fazer tudo juntos, mas, quando
isso acontece, para onde vai o mistério do relacionamento?
Vamos pensar nisso durante um minuto e perguntar: é real-

mente preciso saber como anda o funcionamento do intestino do outro? Nós achamos que não. Fazer cocô na frente do outro é definitivamente inaceitável. Esse tipo de intimidade é desnecessário, a não ser que seu parceiro ache esse comportamento excitante, mas nós duvidamos que muita gente saia em busca de um amante que fique excitado quando vê merda! Agora, se quando nós usamos a palavra "amante" você tiver pensado: *bem, ele só é meu amante nesse momento...*, então realmente precisa avaliar por que isso acontece. Talvez o segredo esteja mesmo nos excrementos! A escatologia pode realmente acabar com a vida sexual, portanto, tome cuidado.

Mantenha a privacidade

A intimidade no banheiro faz parte da espiral descendente que nos faz deixar de ser amantes e virar colegas de quarto. O próximo casal, Kathy e Steve, está na casa dos trinta e muitos. Eles são casados há dez anos. Ela trabalha em atendimento a clientes e ele é contador. No geral, são uma dupla bastante conservadora... a não ser no que diz respeito aos hábitos relacionados às necessidades fisiológicas.

Segundo Kathy, o sexo ainda acontece com a frequência de uma vez por mês. Ela nos diz que a relação sexual é boa, mas não tem nada a ver com o que era nos primeiros cinco anos. Depois que nós passamos com ela uma noite entre garotas e tomamos alguns drinques, começamos a investigar melhor a questão do banheiro. Quando perguntamos sobre os hábitos dela e de Steve nesse aspecto, eis o que revelou:

É tão engraçado o que acontece entre Steve e eu! Às vezes ele fazia um cocô enorme e ficava realmente orgulhoso daquilo. Ele me chamava ao banheiro e dizia: "Dá uma olhada, querida, você precisa ver o tamanho da merda que eu acabei de fazer!" Eu corria para o banheiro e nós ficávamos lá olhando para o vaso sanitário, maravilhados com a coisa enorme que saíra de dentro dele! Nós achávamos aquilo engraçadíssimo! Então, aquilo virou uma espécie de concurso... ver qual de nós ia produzir o maior cocô. Ah, e às vezes, quando estávamos com prisão de ventre, competíamos para ver quem ia fazer o menor cocozinho de coelhinho. É, com certeza nós já vimos muita merda um do outro!

O comportamento de Kathy e Steve é um exemplo perfeito do que não deve ser feito. Já é ruim o bastante quando o casal conta histórias de banheiro um para o outro, mas compartilhá-las com os amigos ou a família só agrava o problema. O seu homem contar uma história a seu respeito na qual você entupiu o vaso do hotel e se gabar de você ter produzido o "torpedo que detonou a rede de esgotos de Pensacola" é totalmente inadequado. Esse não é o tipo de coisa que você ou seu parceiro precisem dizer ou ouvir. Não toquem nessa questão. Ponto final.

Nós queríamos não ter que dizer isso, mas se você tiver diarreia ou prisão de ventre ou se tiver feito um cocô monumental, não fale da experiência com seu amante ou algum conhecido. Por que você faria uma coisa dessas? O que ganharia com isso? Se você realmente for uma pessoa ligeiramente torta ou uma comediante que gosta de escatologia e precisar falar do assunto com alguém, então conte a história (ok, tire uma foto com o celular, se quiser) para as pessoas em um fórum on-line. Conte seu sucesso anonimamente para estranhos que nunca vão vê-la, conhecê-la ou falar com você, mas não compartilhe o caso com seu companheiro ou um conhecido. Teoricamente, você e ele estão muito a fim um do outro, não é mesmo? Nesse caso, como esse tipo de comportamento pode aumentar o desejo? Isso não acontece.

Claro que se vocês são casados, vivem juntos ou apenas passam muito tempo próximos, isso significa que você vai precisar ir ao banheiro quando seu parceiro estiver por perto. Embora alguns ruídos e odores não possam ser evitados, é preciso tomar cuidado para dar algum espaço e privacidade ao cônjuge. É possível manter um pouco de mistério nessa área. Instale um exaustor no banheiro ou um rádio que possa ser ligado quando você estiver lá. Seu parceiro não precisa ouvir seus peidos e *plops*, precisa? Invista também em incensos ou em velas perfumadas que você possa acender antes de partir para a ação. Até um aromatizador de ambiente é bom, ou pelo menos uma caixa de fósforos. Acender um fósforo e movê-lo pelo ambiente é uma maneira eficiente e rápida de remover os odores.

Vejamos, quando você tem vontade de ir ao banheiro, costuma dizer: "Amorzinho, vou fazer um cocozinho!", ou, no caso dele: "Vou largar um barro"? Isso não mostra muita classe, não é mesmo? Vamos evitar dizer esse tipo de coisa. Basta simplesmente dizer: "Vou ao banheiro e talvez demore um pouco." E peça: "Por favor, pegue o recado se alguém ligar ou aparecer... preciso de algum tempo para mim." Isso basta. Não entre em detalhes. Deixe claro que não há necessidade de perguntas sobre o que vai fazer lá. E isso precisa ser um pacto respeitado por você e por quem você ama. O relacionamento sexual é mais importante do que uma etiqueta relaxada no banheiro. Você não gostaria de ir ao banheiro na frente de um novo amante — portanto, não faça isso na frente do amante mais importante: seu parceiro de longa data.

Todas nós tendemos a esquecer a distância e o respeito necessários para manter o sexo saudável. Não devia fazer diferença o fato de nos conhecermos há dez horas ou dez anos. Não entre no banheiro quando o outro estiver naquele "momento de privacidade". Sei que no início pode parecer esquisito recuar e começar a ser mais formal nessa área, mas o que você tem a perder? Não vai preferir ter mais sexo de qualidade — do tipo que traz aquela sensação de juventude, sensualidade, paixão e vivacidade —, como era no passado? Essa é uma pergunta boba, certo? Portanto, tenha alguma confiança no processo e comece a criar algum distanciamento, recuperando um pouco do mistério nessa área.

É hora de voltar a "retocar a maquiagem"

Porém, sabemos que hoje nossas vidas são muito mais informais do que era comum há cinquenta anos. Por exemplo, você consegue imaginar Clark Gable informando Carole Lombard de que iria dar uma mijada? Da mesma forma, dá para imaginar Grace Kelly dizendo a Cary Grant que iria cagar? Nem pensar. Naqueles tempo, havia um nível de respeito e um sentido de dignidade que infelizmente estão em falta no mundo moderno. Hoje, todo mundo gosta de relaxar e ser informal, mas acredite: nem sempre isso é uma coisa boa. Precisamos de limites formais nessa área, e lembrar daquela época é um bom começo. Hoje, quando as mulheres estão no restaurante, não raro podemos ouvi-las declarar, na frente do namorado, dos amigos e até de novos conhecidos, que "vão fazer xixi". Muitas de nós somos culpadas desse tipo de comportamento simplesmente porque ele se tornou aceitável. No entanto, tal como chamar o marido de "doce de coco", não é porque todo mundo faz que essa atitude passa a ser correta.

Simon e Annabel, ambos na faixa dos vinte anos, namoraram por mais ou menos quatro meses. Os dois moram na cidade de Nova York e trabalham em casas noturnas. Simon é barman em Manhattan e Annabel é garçonete. Ela é de Newcastle, na Inglaterra. Os dois tinham muita coisa em comum: adoravam futebol, eram loucos por comida indiana e o sexo era fantástico. Infelizmente, isso não durou. Simon conta por que terminou o namoro:

Quando conheci Annabel, trabalhávamos na mesma casa noturna. Ela era muito atraente, divertida e uma excelente companhia. No início, percebi que ela dizia coisas como: "Dá um tempinho, amor, preciso tirar água do joelho." Acho que no começo aquilo não me incomodava muito, porque muita gente diz que precisa urinar. Além disso, como Annabel é de Newcastle, imaginei que na Inglaterra aquilo era uma coisa bonitinha. No entanto, depois de um tempo, ela comentava o que tinha feito toda vez em que ia ao banheiro, usando expressões como: "Porra, eu inundei a privada com essa mijada. Estava estourando!" ou "Nossa, eu urinei tanto que o mijador ficou cansado!". Algumas pessoas achavam engraçado que ela falasse esse tipo de coisa. Ela era tão escancarada nesse aspecto, mas aquela era sua maneira de ser. Para mim, o problema é que ela sempre fazia isso. Não importava onde estivéssemos ou com quem, ela nunca se continha na maneira de se expressar. Como nasci na cidade grande e trabalhava em uma boate, achava que já tinha ouvido de tudo, portanto continuava a me convencer de que hoje em dia aquilo era bastante normal. Principalmente porque as meninas inglesas agora se afirmavam "liberadas" (pelo menos era o que ela dizia ser, por alguma razão). Quer dizer, eu achava que aquilo era apenas a maneira de ser da mulher moderna.

Porém, em outra ocasião, achei que a coisa tinha passado dos limites. Em um domingo nós tínhamos marcado um encontro para tomar café da manhã e íamos nos encontrar em West Village, no centro da cidade. Assim que nos encontramos, na saída do metrô, ela começou a declarar como lamentava ter se atrasado porque tinha acabado de ficar menstruada. Ela começou a me dizer: "Sinto muito, gatinho, meu chico acabou de chegar e, quando acordei de manhã, tinha sangue para todo lado. A cama parecia a Terceira Guerra Mundial. Tinha sujado o protetor de colchão e até o colchão! Eu tive que lavar tudo antes que ficasse uma mancha permanente. Por isso, desculpe o atraso, querido. A propósito, onde você quer tomar o café da manhã?" Para ser honesto, depois dessa história toda eu estava um pouco enjoado. Quando ela falou sobre tomar café sem nem parar para respirar depois daquela história, perdi totalmente o apetite.

No entanto, acho que a declaração final que realmente cravou o último prego no caixão do nosso relacionamento foi o que aconteceu na boate. O gerente e toda a equipe do bar estavam reunidos esperando a casa encher e ela de repente afirmou: "Meu Deus, estou com tanta cólica! Minha menstruação está tão pesada que o absorvente está encharcado!" Aquilo foi horrível! E o fato de ela ter escancarado esse assunto para todo mundo tirou todo o meu tesão. Ela era grosseira demais. Depois disso, me parecia tão pouco atraente que eu não queria mais transar com ela. Portanto, dei uma desculpa esfarrapada e terminei o namoro.

É verdade que estamos vivendo em um mundo moderno, no qual as mulheres têm liberdade para fazer muitas coisas: tomar pílulas anticoncepcionais, beber e fumar em público, ficar com vários parceiros, votar, ter uma carreira e até mesmo dizer palavrões se quiserem, entre muitas outras coisas. Sim, nós realmente nos liberamos. Mas será que isso realmente nos dá o direito de ser grosseiras e desagradáveis? De falar sobre coisas que deveriam ser confidenciais? A quem interessa saber o que acontece quando você vai ao banheiro? Só porque vai para a cama com alguém, isso não significa que essa pessoa tenha que ouvir todos os seus comentários sobre suas necessidades fisiológicas.

No passado, a expressão que as mulheres usavam quando precisavam ir ao banheiro era: "Com licença, preciso retocar a maquiagem." É delicado, feminino e, melhor ainda, tem classe. Se você realmente precisa retocar a maquiagem, deve fazer isso na mesa, na frente de seus comensais? Não, isso seria deselegante. Os cuidados pessoais devem ser exatamente isso: pessoais. Mesmo quando se trata de algo tão inocente quanto passar um pó no nariz ou retocar o batom, não é preciso se expor para os outros. Nós devemos adotar alguns dos bons hábitos femininos e expressões do passado e manter um pouco de mistério. Lembre-se: a privacidade é uma coisa boa.

Os ruídos... Meu Deus!

Outra coisa que deve ser feita em particular, ou pelo menos reduzida ao mínimo é arrotar. E isso vale para os dois. Admitimos que se trata de uma necessidade fisiológica, mas ainda assim, isso precisa ser feito de forma discreta. Vamos pensar na época em que vocês se conheceram e começaram a namorar: algum de vocês arrotava na frente do outro? Ok, talvez um pouco, mas apostamos que faziam isso discretamente. Vocês arrotavam timidamente, com a mão na frente da boca. Apostamos que faziam todo o possível para que aquilo fosse quase imperceptível. Na verdade, apostamos que nenhum dos dois fazia questão de dar o maior arroto da história da humanidade. E naquele tempo ele também não tentava arrotar as notas do hino nacional. Sendo assim, o que aconteceu daquele tempo para cá? Vocês agora fazem concursos em que leva o prêmio quem produzir o arroto mais barulhento? *Fantástico!* Vocês trocaram a paixão sexual mútua pelo direito de arrotar de forma escandalosa! E procuraram usar todo o talento artístico e a criatividade nessa prática. É sério? *Por que* você faria isso?

Ok, você sabia que nós íamos chegar a essa questão: os peidos. Com certeza, peidos garantem horas de risadas e divertimento: ele pede "Puxe meu dedo" ou, a título de brincadeira, peida na cama e agita as cobertas para envolver os dois no odor concentrado de um peido silencioso, porém mortal. E ainda há a prática favorita: peidar em cima do outro. *Adorável!* Ouça, detonar as cobertas toda manhã não é uma prática boa no relacionamento. Também não é bom encher a cara e flutuar na piscina do hotel depois de uma refeição muito temperada para produzir uma série de borbulhas e gritar: "Atenção! Guerra química!" Sabemos que isso pode ser divertido e engraçado, mas o que você acha que essa atitude vai provocar no sentimento de paixão mútua? Se fizer questão, compartilhe a brincadeira com suas amigas, mas não com seu namorado. Eis um desafio: encontre outras formas de humor, sem apelar para a escatologia.

No entanto, às vezes não conseguimos evitar soltar gases. Você tentou segurar, achou que seria silencioso e não muito fedorento (ou mortal). No entanto, aquilo acontece: foi audível. O que você faz? Sabemos que a primeira vez em que se peida na frente de alguém é muito constrangedora, certo? O que se costuma fazer quando isso acontece? Você provavelmente diz: "Me desculpe." Isso é bom! Essa é a reação correta. Continue a se comportar assim, quer esteja com um estranho, quer com seu parceiro de trinta anos. Por outro lado, se for apenas um peidinho, às vezes dá para ignorá-lo ou tossir. No entanto, se você já está bem avançada na estrada tão cômica da competição de peidos, pare com isso imediatamente e comece a fazer a coisa certa. Seja educada, respeitosa e digna. Você não vai se arrepender.

Ping ping

Essa mudança de comportamento também deve incluir o xixi. Sejam discretas, senhoras! Fechem a porta do banheiro! Ele não precisa ver você urinar ou se enxugar. A visão não é agradável, por mais que você tente parecer atraente quando executa essa tarefa. E, da mesma forma, você não precisa ficar de pé observando a urina sair do pênis dele enquanto discute a lista de compras! Olhar para o pênis dele deve ser uma coisa excitante, não é mesmo? Observe-o quando estiverem transando, quando estiver acariciando-o ou fazendo sexo oral, mas não quando ele estiver urinando. Como isso pode ser excitante?

Sabemos que a essa altura você pode estar pensando que não é realista deixar de fazer algo tão simples e corriqueiro quanto urinar na frente do outro. E sabemos que está pensando que *isso não é tão desagradável quanto fazer cocô ou peidar.* É verdade. Mas veja bem: o que prejudica a relação sexual não é fazer xixi na frente um do outro de vez em quando. O que vai lenta e seguramente matar o mistério e o interesse que vocês têm um pelo outro é a prática diária de fazer as necessidades fisiológicas na frente do parceiro. Você não gostaria de recuperar aquele interesse? Então, pare de ir ao banheiro publicamente. Você acha que vai sentir falta da visão de seu parceiro "largando um barro"? E realmente precisa vê-lo fazer xixi e balançar o pênis para deixar caírem as últimas gotinhas? Nós achamos que não. Está na hora de trazer de volta um pouco de mistério ao relacionamento e abandonar os velhos hábitos negativos.

Guarde para você os detalhes macabros

O mistério também se aplica à maré vermelha. Não coloque ou retire absorventes internos sanguinolentos às vistas do seu homem! Lembre-se de que o pênis e a língua dele passam por ali. Será que ele vai gostar de ver um rolo de algodão sangrento saindo daquele lugar? Achamos que não. Vale o mesmo para absorventes e protetores de calcinha. A maioria dos homens já não gosta sequer de olhar um comercial de absorvente em que um líquido azul é derramado. Portanto, é muito pior ver a coisa de fato em um absorvente encharcado e amassado. A menos que você realmente goste de deixá-lo enojado, achamos melhor manter essas coisas privadas. Garantimos que ele não quer ver a glória total do segundo dia de sua menstruação ou os restos marrons do último! Ele não quer ver e não quer ouvir falar dessas coisas. E, pelo amor de Deus, não o persiga pelo quarto, ameaçando-o com o absorvente sujo por achar que isso é engraçado! Pode ser engraçado para você, mas ele vai ter pesadelos. Sejamos honestas: nem nós mesmas achamos essa visão agradável. Portanto, por que compartilhá-la?

Acione a descarga e esqueça o assunto

Sabemos que podem ocorrer momentos infelizes em que é totalmente inevitável compartilhar coisas desagradáveis. Sarah e Mark, ambos na casa dos vinte, passaram por uma experiência como essa na lua de mel. Depois de alguns dias de pura felicidade em Puerto Vallarta, no México, eles acabaram sendo vítimas de um caso sério de vingança de Montezuma. Alguma coisa tão imprevisível quanto a diarreia ainda pode permanecer íntima, mesmo que os dois passem por ela simultaneamente, caso vocês, como Michael e Shakira Caine, puderem se permitir o luxo de banheiros separados. Mas se você tiver somente um banheiro, como aconteceu na lua de mel de Sarah e Mark, a situação pode ser problemática. Sarah recorda:

Nós tivemos um incrível jantar em um restaurante fantástico no centro da cidade. A comida era maravilhosa, e as margaritas também eram ótimas. Eu me lembro de desfrutarmos cada garfada e cada gole, achando que aquela era nossa melhor refeição até o momento! Bem, foi bom demais para ser verdade. No dia seguinte, acordamos os dois com uma sensação de mal-estar. Ambos estávamos com uma diarreia muito forte. Não estou falando do tipo de diarreia suave, que você pode controlar. O pior é que nós dois tínhamos que ir ao banheiro exatamente na mesma hora! No entanto, como o quarto só tinha uma privada, um de nós precisava se empoleirar na pia e o outro no vaso sanitário. Durante o incidente inteiro estávamos a meio metro um do outro. Aquilo continuou durante todo o dia e acabamos nos revezando no uso da privada e da pia. Rimos o tempo todo do ridículo da situação, mas aquilo foi muito desagradável!

A história deles provavelmente é a pior situação de banheiro que um casal pode vivenciar. Você e seu parceiro talvez nunca passem por esse tipo de vergonha e intimidade indesejada, porém, se uma situação como essa acontecer, não é preciso que o dano causado à atração sexual seja permanente. Depois de uma situação dessas, eis o que precisa ser feito: esquecê-la! Não continuem a falar sobre ela e não fiquem pensando na pessoa amada agachada em cima da pia. Por mais tentador que possa ser comentar essa "experiência ridícula" com os amigos ou com o parceiro, não fiquem relembrando a história. Cada vez que a experiência é revivida, ela joga um balde de água fria na tensão sexual entre vocês. Limite-se a esquecer e colocar a situação o mais longe possível, nos confins de sua memória. Foi um incidente bastante infeliz que vocês compartilharam, e agora precisam seguir adiante com dignidade. Respeito e dignidade sempre serão a chave.

A ofensiva

A falta de respeito certamente desempenhou o papel principal no fracasso do casal Amanda e Chris. Os dois estavam na casa dos trinta anos e viviam juntos havia oito. Eles administravam um negócio virtual e passavam praticamente todo o tempo juntos. Conversamos com Amanda e perguntamos por que ela se separou de Chris quando todo mundo achava que eles eram um casal maravilhoso. Eles tinham muita coisa em comum e adoravam ficar juntos, mas, nas questões associadas com o banheiro, ficou claro que o respeito mútuo havia descido pela descarga. Uma tarde, Amanda confidenciou:

Quando conheci Chris, achei que ele era o homem mais bonito que eu já havia visto, em pessoa ou nas telas. Ele era como uma mistura de George Clooney com Brad Pitt, com os cabelos muito negros, luminosos olhos azuis e umas covinhas muito sensuais. Quase não acreditei quando ele pediu meu telefone! O estranho foi que, apesar de adorar a aparência dele, meu desejo por ele diminuiu muito depressa. Nossa vida sexual começou a definhar quando Chris começou a peidar na minha frente e deixar a porta do banheiro aberta quando estava sentado no vaso. Ele não dava a mínima para as coisas desagradáveis que eu pudesse vê-lo fazer: sentar em um vaso e peidar, cortar os pelos do nariz, cortar as unhas dos pés em cima da mesa de centro ou coçar as bolas o dia inteiro. Às vezes ele me mostrava o interior do short que tinha usado para correr e dizia: "Olha só, querida, eu corri tanto que caguei no short sem perceber!" Eu lhe dizia para parar de ser tão nojento, mas ele se limitava a rir e comentar que eu era metida a besta. Aquilo prejudicou minha libido a tal ponto que só transávamos mais ou menos uma vez por mês e, mesmo assim, apenas porque ele pedia muito. Eu continuava a tentar fazê-lo abandonar aqueles hábitos horríveis, mas acho que ele não estava nem aí.

A gota d'água que inundou o oceano aconteceu em uma tarde de domingo. Chris estava sentado no vaso com a porta do banheiro aberta, inclinado para poder continuar a ver o jogo de futebol na TV da sala de estar. Eu entrei na sala e ele perguntou: "Não é ótimo? Posso cagar e continuar a ver o jogo ao mesmo tempo!" Para meu horror, ele abriu as pernas e levantou o traseiro do vaso! Ele era como uma criança orgulhosa, querendo que eu visse sua "criação". Eu gritei: "Chris, isso é o fim da picada! *Nunca mais* me mostre uma coisa como essa!" Então corri para o quarto, enjoada.

Quando penso naquela situação, vejo que aquilo teve um efeito devastador na imagem que tinha de Chris como parceiro sexual. Nunca consegui esquecer a visão dele sorrindo e levantando a bunda da privada. Embora ele ainda fosse tão bonito quanto antes, a ideia de transar com ele fugiu da minha mente para sempre naquela tarde. Esse foi o problema de ver Chris naquele estado: ficou impossível apagar a imagem da minha mente.

O fato de Chris ficar encantado em mostrar aquelas coisas para Amanda era simplesmente errado. É claro que ele tinha perdido o respeito pelo relacionamento — não só por Amanda, mas por si mesmo. Ela não estava zangada porque aqueles incidentes aconteceram, mas porque ele tinha prazer em mostrá-los. Uma situação inevitável como a de Mark e Sarah é perdoável e pode ser esquecida, simplesmente porque foi totalmente involuntária. No entanto, o comportamento de Chris era algo totalmente diferente. Ele podia ter sido evitado. O pior é que era um padrão de comportamento grosseiro, beirando o abuso. Tudo isso fez Amanda sentir infelicidade e ressentimento, e acabou por matar a relação. Algumas pessoas podem achar a situação cômica, imaginando um cara com um cocozão pendurado na bunda. Mas, humor à parte, um casal não consegue sobreviver a esse tipo de atitude. Chris e Amanda não são mais o casal maravilhoso e feliz que foram, e isso é uma tragédia. Se tivessem buscado soluções para algumas dessas questões, talvez estivessem juntos até hoje.

A tampa do vaso sanitário

Deixando de lado as coisas muito desagradáveis e passando para as simplesmente irritantes, mesmo uma ação simples, como sempre deixar a tampa do vaso sanitário levantada, pode prejudicar o relacionamento. Pode parecer uma exigência boba, mas é importante abaixar a tampa do vaso. Esse é um gesto de cortesia básica, e não deveria ser considerado um grande esforço. E isso é benéfico tanto do ponto de vista romântico, quanto do estético e do aromático. Também mostra que você tem consideração e respeito pela pessoa com quem vive.

De acordo com os princípios do Feng Shui, quando o vaso sanitário fica aberto, você não só manda descarga abaixo os conteúdos que estavam dentro de você, mas também uma boa parte da energia de sua casa. Portanto, em muitos níveis, é sempre bom abaixar o assento e a tampa. Rapazes, isso é para vocês! Estão proibidos de levantar a tampa e o assento do vaso, colocar a coisa para fora, urinar, balançar e depois sair do banheiro sem nem mesmo lavar as mãos. E isso pode parecer uma bobagem para vocês, mas a diferença que vai fazer para sua parceira é imensa. Pense em todas as vezes que deixou o vaso destampado. Pense em como isso é irritante para ela, e como causa ressentimento o fato de ver você fazer isso o tempo todo. No início, o ressentimento por coisas aparentemente insignificantes pode parecer pequeno, mas, com o tempo, ele pode crescer e virar uma montanha de raiva.

De um incidente desagradável como o experimentado por Amanda com Chris até o costume supostamente inofensivo de deixar o vaso sanitário destampado, todos esses hábitos podem prejudicar muito um relacionamento. A repetição desses atos pode fazer a diferença entre um casamento feliz e o divórcio. Muitas vezes, é o acúmulo de coisas pequenas que pode arrasar o relacionamento. Todos nós passamos por grandes desentendimentos com os parceiros por coisas que podem parecer triviais: um vaso sanitário destampado, gotas de urina no chão ou até mesmo um tubo de pasta de dente espremido da forma errada. O respeito pelo companheiro passa por ouvi-lo e levar a sério suas solicitações. Evidentemente, se um parceiro é mais desorganizado que o outro, é preciso ter cuidado para alcançar um entendimento em que as duas partes se sintam satisfeitas e não acumulem ressentimento.

Existem muitas outras pequenas coisas que muitos de vocês podem fazer em frente um ao outro, dentro e fora do banheiro, e que podem causar problemas. Coisas como cortar as unhas, tirar a pele morta dos pés (na mesa do café da manhã!), limpar o nariz, espremer espinhas, depilar os pelos púbicos, cortar os pelos do nariz, passar fio dental, cuspir (com toda a sua glória catarrenta!), usar uma daquelas máscaras faciais verdes... a lista não tem fim. Mas você precisa se perguntar se faria aquilo na frente de alguém que acabou de conhecer. Se a resposta for não, então o bom senso diz que você também não deveria ter aquela atitude na frente do parceiro. É uma questão de respeito. Respeito e dignidade não são opcionais, são obrigatórios.

Agora sabemos que os homens são especialmente propensos à preguiça nessas áreas. Eles podem acusar as mulheres de frescura quando pedimos que mudem os hábitos escatológicos. No entanto, você precisa convencer seu parceiro de algumas questões: ele quer ter sexo mais frequente e de mais qualidade? Ele quer que você esteja disposta, pronta e a fim de "dar para ele"? Ou acha que fazer cocô e tirar meleca do nariz na sua frente são mais importantes que o sexo com você? Ao explicar as coisas dessa forma, você vai fazê-lo ver a relação entre sexo e esses comportamentos e, felizmente, a maioria dos homens sempre vai escolher mais sexo! Lembre-o dessas questões com leveza se ele retomar aquela estrada desagradável. Não deixe que ele a considere chata. Em vez disso, simplesmente diga algo como: "E aí, meu gato, você quer transar mais tarde? Então feche a porta do banheiro e mais tarde eu estarei esperando por você!"

E lembre-se de que a maioria dos homens e das mulheres nunca entendeu a relação entre uma política de portas abertas no banheiro e o desinteresse pelo sexo. É por isso que precisamos lembrar um ao outro que a etiqueta no banheiro não é só uma questão de consideração mútua; ela é fundamental para salvar a vida sexual e o relacionamento.

Um esporte nem sempre espetacular

O próximo tema não diz respeito ao banheiro, mas também é importante. Ter um filho e trazer uma vida nova ao mundo é uma experiência bonita e cheia de significado. Se seu parceiro quiser estar ao seu lado e você ficar feliz com isso, então certamente deve compartilhar com ele por esse momento. E isso pode trazer ao relacionamento uma ligação nova, mais profunda e até mesmo mais espiritual. Dito isso, ter um bebê também pode ser uma experiência um tanto chocante. A bolsa de água se rompe, há sangue, muco e a possibilidade de fezes durante o esforço... e, quando o bebê aparece, a coisa é quase surrealista. E a palavra sangrento é pouco para descrever a placenta, a possibilidade de esgarçamento e a posterior sutura da região genital.

Um casal nos contou a história deles. Cindy e Dean, ambos na casa dos trinta anos, acabaram de passar pelo nascimento do filho, um bebezão de 5kg! Infelizmente, o períneo de Cindy foi rasgado gravemente quando a cabeça do bebê saiu. Depois que a criança foi assistida e a placenta expelida, o médico começou a se preparar para suturar a vagina estraçalhada de Cindy. Foi então que Dean cometeu o erro de olhar para a região com mais atenção. Ele viu que aquilo não parecia nem um pouco com uma vagina normal. Em vez disso, achou que se parecia com uma mistura de "uma pilha de carne moída crua com uma experiência biológica bizarra". Olhando para o médico, horrorizado, Dean se perguntou: "Como ele ia consertar *aquilo*?" Naturalmente, o médico consertou o estrago, mas a visão da vagina estraçalhada e sangrenta da mulher, com aparência de carne, nunca mais foi esquecida por ele.

Agora, segundo ele, sempre que se apresenta a oportunidade de fazer sexo oral, a visão recorrente de "carne moída" tira todo o tesão dele e o ato, quando acontece, é uma coisa rápida e nada divertida.

Quando vocês forem ter um filho, precisam conversar sobre o que gostariam de compartilhar e o que não é de fato necessário. É possível que, em alguns casos, a participação do homem no parto possa se limitar à presença dele ao lado do rosto da mulher, em vez de envolver a visão constante da vagina. Todos os aspectos precisam ser discutidos e ponderados antecipadamente. Dessa forma, os dois podem estar certos de que nada vai prejudicar a lembrança desse acontecimento maravilhoso.

Ter um filho é uma experiência muito bonita e ninguém deve se negar a compartilhá-la. Contudo, é preciso lembrar uma coisa importante: o que guardar na memória ao trazer uma linda criancinha ao mundo. Não se concentre no sangue, na placenta ou no estado da vagina imediatamente após o parto. Esqueça essa parte da experiência e siga em frente.

Desde o ato aparentemente insignificante de urinar em frente ao outro até o espantoso acontecimento de trazer uma nova vida ao mundo, é preciso que os casais entendam seus limites e os respeitem. Todos nós precisamos constantemente tratar nossos parceiros com consideração e lhes dar privacidade quando necessário. Não faz nenhum bem aos parceiros achar natural ir ao banheiro na frente do outro. Não é natural se sentir à vontade ao fazer essas coisas perto de terceiros. Se vocês já estão muito adiantados nessa estrada, deem meia-volta e comecem do zero. Mas lembrem-se de que pode haver ressentimento e raiva quando um dos cônjuges sugere evitar esse tipo de comportamento, e talvez esses sentimentos sejam ignorados. A questão é o respeito mútuo. Nunca se esqueça de que, sempre que você faz a suas necessidades fisiológicas na frente do parceiro, o relacionamento passa por um lento retrocesso, transformando amantes em amigos.

Imagine que Rodin, o famoso escultor, deu os últimos retoques na obra-prima que representa você e seu companheiro. Naturalmente, a escultura se chama *Os amantes*. Ele retratou você e seu parceiro nos primeiros estágios do relacionamento, envolvidos em um abraço apaixonado. Cada vez que você e seu amante atropelam os limites do comportamento adequado no banheiro, Rodin remove um pouco mais da paixão e do mistério entre vocês. A cada dia, um pouco mais é perdido e, infelizmente, aquela escultura que já foi de grande beleza agora está irreconhecível. E isso é uma pena, porque vocês eram maravilhosos quando estavam apaixonados. Vamos tentar manter aquela condição inicial.

EVITE SER A COLEGUINHA DE BANHEIRO

1 Guarde as necessidades fisiológicas para si mesma. Intimidade no quarto é uma coisa boa. Intimidade no banheiro é ruim. A privacidade é o máximo!

2 Não procure embelezar coisas como arrotar, peidar e realizar audivelmente outras funções corporais. Por mais que você ache isso engraçado, não há graça nenhuma. E prejudica o desejo sexual mútuo.

3 Quando acontecerem coisas desagradáveis de forma acidental ou inevitável, simplesmente peça desculpas e siga em frente. Não continue a recordar momentos constrangedores ou a falar sobre eles, entre vocês ou com os amigos.

4 Sempre respeite os limites do parceiro e dê atenção às ações e preocupações dele ou dela. Seu conceito de desagradável pode ser muito diferente daquele sustentado pelo outro. Os dois precisam fazer concessões.

5 Mesmo os hábitos mais corriqueiros, quando repetidos, podem matar o desejo sexual e provocar ressentimento. Sexo e ressentimento nunca foram bons parceiros na cama!

Capítulo Quatro

Olhe-o nos olhos

*Esse carinha com quem estou saindo... temos relações sexuais
totalmente íntimas. É uma coisa do outro mundo.
Ele segura meu rosto e me olha nos olhos o tempo todo.
Ele toca meus lábios. Ele contempla meu corpo nu e
faz tudo bem devagar. Temos sessões de até seis horas em que
nos tocamos e acariciamos. Ele dorme a noite toda me abraçando.
Eu acordo com ele tocando minhas mãos ou meus cabelos.
É a experiência mais intensa que já tive na vida.*
SUSAN, 36 ANOS

*Eu ainda adoro quando meu marido me olha nos olhos.
Isso me faz lembrar por que o amo.*
RHONDA, 33 ANOS

QUANDO VOCÊ COMEÇOU A NAMORAR seu parceiro,
vocês conversavam alucinadamente procurando se conhecer,
não é mesmo? Vamos recordar, no entanto, aquele primeiro
encontro e o momento exato antes de vocês começarem a falar.

Talvez tudo tenha começado com um olhar prolongado, de lados opostos de uma sala, um olhar apenas um pouco mais longo do que o necessário. Talvez ele tenha enxergado você, ou você o tenha enxergado primeiro. Mas vamos pensar no impacto do primeiro momento... quando seus olhos se encontraram. Foi algo verbal? De jeito nenhum. Mesmo que o primeiro encontro tenha sido verbal, ou que vocês tenham sido apresentados por um amigo ou conhecido, apostamos que houve aquele momento — indefinível — em que vocês olharam nos olhos um do outro e souberam que estavam atraídos. E, mais tarde, houve aquele primeiro encontro ou aquela primeira conversa mais pessoal e, inevitavelmente, aqueles momentos carregados de sensualidade em que vocês olhavam em silêncio nos olhos um do outro. Quais foram seus pensamentos naquela ocasião? Apostamos que você estava pensando nos lábios dele e em como queria que ele a tocasse e começasse a beijá-la naquele mesmo instante. Ou mesmo pensando em como seria se ele estivesse em cima de você, fazendo amor apaixonadamente. Apostamos que você não falava sobre esses pensamentos naquela época. Você não iria contar a ele tudo o que estivesse pensando imediatamente — ele era um homem que tinha acabado de conhecer! Se vocês dois estavam pensando em arrancar as roupas um do outro ou em se olharem em silêncio degustando um vinho... a verdade é que sentiam uma atração primitiva e mútua que não precisava ser verbalizada.

Agora que levamos você de volta para aqueles pensamentos e sentimentos dos primeiros dias do relacionamento, aposto que você está pensando: *bem, isso acabou... o que fazer agora? Eu ainda o amo, mas que fim levou aquela chama?* Você pode recuperar aquele sentimento! Com sorte, a essa altura você já entendeu plenamente a importância de não usar apelidos idiotas, já parou de falar como criancinha e também já mudou seus hábitos relacionados ao banheiro. Agora que você varreu para longe toda a "besteira verbal" que estava atrapalhando sua vida sexual, pode começar do zero. Você pode explorar as outras formas de comunicação que provavelmente esqueceu — como os olhares carregados de sensualidade que trocavam quando se conheceram. No entanto, como fazer isso? Por onde começar?

O melhor ponto de partida é olhar nos olhos do outro. Essa é a forma de comunicação mais básica e mais poderosa de que dispomos. Às vezes estamos tão ocupados que esquecemos de como essa comunicação silenciosa é importante para o casal — aquele olhar e aquele toque especiais, que durante todo o dia podem dar aos dois o sinal de que estão felizes e gratos por estarem juntos. Nossas vidas podem ser tão tumultuadas que podemos passar semanas sem parar para olhar de fato nos olhos um do outro. A maioria dos casais não se vê durante o dia, pois os dois estão trabalhando ou cuidando da casa. E quando estão em casa juntos, à noite, jantam vendo o noticiário da televisão antes de sair pela casa cuidando das tarefas domésticas ou das crianças, acabando por cair no sono no momento em que a cabeça toca o travesseiro. É dessa maneira que se perde a conexão simples e física entre os cônjuges.

Os olhos podem ser o recurso mais íntimo e mais carregado de sexualidade na comunicação com o amante. Eles não são apenas as janelas da alma. Também são as janelas da sexualidade. Aproxime-se de seu parceiro e *olhe* para ele — olhe realmente nos olhos dele todo dia durante alguns minutos pelo menos. Às vezes a comunicação não tem nenhuma relação com as palavras. É a maneira pela qual olhamos para o outro, tocamos o pescoço dele ou ficamos de mãos dadas em uma sala cheia de gente. Ficar em silêncio nos dá a chance de parar, respirar e realmente *experimentar* a presença do outro, quer estejam na cama, à mesa de jantar, ou mesmo em lados opostos de um cômodo em uma festa. Não dá para exagerar a importância dessa experiência para o relacionamento. Deixe que suas almas se conectem por meio do olhar. Não é preciso dizer nada.

Precisamos de um pouco de mistério para nos sentirmos sensuais com nosso parceiro, e verbalizar tudo não é misterioso nem sexy. Você se lembra do tempo em que aquele tipo forte e silencioso era considerado atraente? Bem, isso ainda acontece, tanto para homens quanto para mulheres. O sexo pode ser muito visual. É por isso que simplesmente deixar seus olhos falarem, sem muita conversa, pode criar uma atmosfera sexualmente carregada. O silêncio dá aos dois a chance de criarem uma fantasia entre vocês. Ele pode criar tensão, e a tensão gera desejo.

Trocar olhares, na cama ou fora dela, é uma maneira maravilhosa de desacelerar e voltar a conhecer a pessoa com quem você dorme toda noite. Isso proporciona ao lado sensual de seu cérebro uma chance de respirar um pouco, o que não fazemos com frequência. E isso também deve permitir à sua mente tirar uma folga dos problemas do dia e desfrutar um momento ou dois de maravilhosa fantasia sexual. O sexo é muito mais mental do que percebemos; às vezes também é muito mais uma fantasia do que uma realidade. Precisamos reservar tempo para permitir que nossa comunicação não verbal e íntima dispare novamente nossas fantasias mentais. Por exemplo: talvez sua fantasia seja estar em um lugar diferente com seu marido, ou talvez vocês desempenhem papéis em que são pessoas diferentes em uma situação erótica, mas vocês precisam dar à mente a chance de experimentar e ser criativa. É nessa condição que o sexo pode trazer possibilidades ilimitadas e maravilhosas. O céu é o limite!

Não há nada de errado em criar algumas fantasias de vez em quando.

Embora a "noite de namoro" preconizada por tantos livros de autoajuda não seja a panaceia que os ditos especialistas afirmam, ela tem uma boa qualidade. Quando você sai com seu marido para um encontro e está em um restaurante saboreando uma taça de vinho, vocês se olham nos olhos — provavelmente com mais frequência do que durante toda a semana. Ali não há uma televisão para assistir, um jornal atrás do qual se esconder e nenhuma criança ou outro adulto exigindo sua atenção. Só existem você e seu parceiro, juntos, confirmando sua ligação. Esse reconhecimento mútuo de vocês como homem e mulher é muito estimulante e poderoso. Muito mais eficaz que um milhão de palavras sobre os desejos e as necessidades de cada um.

Mesmo nos momentos do dia a dia, é possível criar essa centelha de sexualidade entre vocês. Por exemplo: quando os dois tiverem chegado do supermercado e estiverem guardando as compras, reserve um momento para se aproximar dele sem falar, olhá-lo nos olhos e beijá-lo devagar e delicadamente. Faça isso durante alguns instantes. É impressionante como os dois podem ser transportados para um lugar no qual se sintam sensuais. Você só precisa dar um tempo e deixar que ambos realmente olhem um para o outro.

Proporcionar alguns minutos de conexão visual com o parceiro diariamente muitas vezes é o suficiente para manter acesa a chama sexual em um relacionamento duradouro. E isso pode se dar em uma troca bastante simples durante o dia, suficiente para deixar entrever que os dois estão ansiosos para ficarem juntos na cama mais tarde.

De olho na caixa errada

David e Nicole, casados há dois anos, experimentaram o impacto que uma conexão visual durante o dia pode exercer sobre um casal. Uma tarde, Nicole nos explicou:

A pesar de estarmos casados há apenas dois anos, percebi que já tínhamos perdido muito da energia entre quatro paredes. Em vez de transar dia sim, dia não, passamos a fazer isso apenas uma vez por semana. Comecei a entrar em pânico, pensando: *Meu Deus, se a essa altura só queremos fazer sexo uma vez por semana, como vai ser daqui a dez anos?* E o sexo não era só menos frequente, também caiu na rotina. Uma amiga minha recomendou que eu comprasse alguns brinquedos eróticos, e isso aqueceu as coisas durante algumas semanas, mas não durou muito e logo voltamos ao mesmo ponto.

Reavaliando nosso casamento, percebi que o sexo começou a perder o pique quando começamos a ver TV durante o jantar. Nós dois trabalhávamos muito — ambos somos enfermeiros. Portanto, quando chegamos em casa gostamos de relaxar. Contudo, pensando sobre a questão, percebi que aquelas conversas que costumávamos ter durante o jantar, trocando olhares, eram o que realmente nos mantinha conectados no primeiro ano de casamento. Nós trabalhamos em turnos de doze horas e nem sempre temos muito tempo para ficar juntos, mas a TV parecia devorar todo o tempo que passávamos acordados. O problema é que não víamos televisão somente durante o jantar, mas costumávamos deixar o aparelho ligado até a hora de dormir. Quase não falávamos mais um com o outro, imagine se nos olhávamos!

Portanto, um dia disse a David que achava importante pararmos de ver TV durante o jantar e voltarmos a conversar de verdade. No início foi difícil, porque eu podia ver a falta que ele sentia do noticiário, principalmente das notícias esportivas, e aquilo feriu meus sentimentos. Mas insisti na questão. Eu lhe disse que podíamos ver TV depois do jantar, mas que o jantar era o momento de conversar e manter a conexão. E isso realmente funcionou! Depois de algumas semanas, percebi a mudança que aconteceu simplesmente porque voltamos a nos olhar, em vez de olharmos para a tela da TV. E isso também deu origem a outros rituais — como, de vez em quando, ir ao jardim e tomar um vinho antes do jantar, de mãos dadas e conversando. Também começamos a caminhar depois do jantar, o que foi maravilhoso para nós como casal. É uma sensação muito romântica simplesmente fazer algo como dar uma volta no quarteirão à noite. O engraçado é que quanto menos TV nós víamos, menos vontade tínhamos de vê-la. Eu prefiro mil vezes olhar meu marido a ver algum programa idiota na televisão!

Perguntamos a Nicole como essa mudança de rotina afetou a vida sexual do casal:

F oi fantástico. Quase voltamos ao que éramos no início do relacionamento. O sexo não é apenas mais frequente; também é muito mais intenso! É de espantar a diferença que faz passar algum tempo juntos sem um monte de distrações. Só olhar nos olhos e reservar tempo para o convívio fez uma grande diferença. Sinto que recuperamos a conexão.

Tal como aconteceu com David e Nicole, às vezes, uma pequena mudança na rotina diária pode fazer uma grande diferença na conexão sexual do casal. A prática aparentemente inofensiva de ver televisão durante o jantar pode ter consequências que o casal não percebe até parar com esse comportamento. O importante a aprender aqui é que o simples ato de se olharem e concentrarem a atenção um no outro pode ser extremamente poderoso. Para ter um relacionamento saudável e uma ligação sexual sólida, é essencial manter à distância o mundo e suas distrações e reservar alguns minutos para olhar nos olhos do parceiro.

A tensão sexual que resulta de uma comunicação não verbal ajuda a trazer de volta aqueles momentos maravilhosos que você se lembra de ter vivido no início do relacionamento. Ela também traz de volta um pouco do mistério. Infelizmente, no mundo moderno, como estamos constantemente falando ao celular, navegando no Twitter ou no Facebook, ou ainda mandando e-mails e SMS, criamos o péssimo hábito de sempre fazer com que todos saibam nosso pensamento mais recente, por mais banal que ele seja. Isso não faz bem na relação com um parceiro no sexo porque não deixa espaço para o mistério. Não diga a ele cada pensamento que vier à sua cabeça — deixe alguma coisa não dita que ele possa imaginar. Assim como ele não precisa saber tudo sobre seus hábitos no banheiro, também não precisa conhecer cada pensamento que passa por sua mente durante o dia.

Quando seu parceiro pensa *Não consigo entender essa mulher* é quando ele quer ter uma relação física com você. Quando acha que você é uma pessoa complexa, ele também a acha sexy. Um pouco de silêncio na hora certa pode acrescentar elementos de mistério e suspense. Naturalmente, isso não significa ficar muda o tempo todo. Significa que você não põe para fora tudo o que está na sua cabeça a cada momento... o que também não acontecia quando vocês se conheceram.

Portanto, não vá para a cama falando sobre como vai pagar as contas do mês, sobre que pessoa irritante é o seu chefe ou como você detestou a sobremesa que sua amiga serviu na última vez que vocês se reuniram. Essas conversas devem ser encerradas antes de vocês irem para a cama! Tenha esse tipo de conversa na sala de estar ou na cozinha — em qualquer lugar, menos na cama.

É melhor não saber

O que todos os livros de autoajuda não dizem é que colocar tudo em palavras nem sempre é uma coisa boa. Na verdade, isso pode causar mais danos que benefícios, principalmente para a vida sexual do casal. Muitos livros aconselham homens e mulheres a verbalizar todos os seus desejos sexuais (geralmente chamados de "necessidades de intimidade"), e fazer isso tanto na cama quanto à mesa da cozinha, como em uma sessão de terapia em casa ou em uma reunião de negócios com o marido — o que não é nada sexy! E, francamente, nem tudo precisa ser totalmente analisado e verbalizado, principalmente no que diz respeito a esfera sexual de cada um. Com certeza, nenhum dos dois vai querer arrancar as roupas do outro depois de uma conversa dessas! Não conseguimos imaginar uma maneira mais infeliz de tentar melhorar a vida sexual. Transar é bom quando é natural, divertido e nem um pouco intelectualizado. A história a seguir é um bom exemplo de casal que verbalizou e negociou até ter eliminado todo o sexo do relacionamento.

Gabriella e Dane foram namorados desde o tempo da escola e se casaram poucos anos depois de terminarem o ensino médio. Gabriella nos conta sua história:

Tal como acontece com muitos casais, no começo o sexo era excelente. Quando começamos a ficar, não discutíamos o sexo. Nós agíamos, em vez de falarmos. Era gostoso, intenso e espontâneo. No entanto, depois de pouco tempo de casados, as coisas começaram a cair na rotina e já não tínhamos uma química verdadeira. Com o passar do tempo, começamos a transar cada vez menos, e achei que devíamos fazer alguma coisa para corrigir isso. Portanto, comprei um livro de autoajuda segundo o qual a maneira de consertar a vida sexual era discutirmos todas as nossas necessidades sexuais — chegando até a fazer uma lista do que queríamos na cama. Dane e eu tivemos diversas discussões sobre essas necessidades e desejos. Provavelmente foi mais minha culpa, porque forcei essa situação. Eu sempre queria discutir e analisar os menores aspectos de nossa vida na cama. Acho que tinha uma visão romântica de como deveria ser um casamento — de que deveríamos saber absolutamente tudo sobre o outro e conhecer cada pensamento do parceiro. De que, para estarmos realmente juntos, tínhamos que saber tudo. No entanto, o curioso é que falar sobre sexo não melhorou nossa vida sexual. Na verdade, piorou muito! Isso no fim das contas secou toda a paixão e a espontaneidade que tínhamos no início. E, como conhecíamos cada pensamento e cada desejo, começou a ficar estranho ter uma relação física! Aquilo já não era mais divertido. Não havia mais qualquer mistério ou tesão. Tudo tinha sido dito. Por fim, paramos completamente de transar e, no ano passado, depois de sete anos juntos, finalmente nos separamos. Agora, isso me parece um imenso desperdício. Sei que em meus futuros relacionamentos não vou verbalizar cada detalhe.

Nos anos 1950 e 1960, quando ninguém falava sobre suas preferências na cama ou até mesmo sobre sexo em geral, fazia sentido verbalizar tudo porque aquilo era necessário. Naquele tempo, o sexo era considerado algo voltado principalmente para o homem, para dar prazer e satisfazer os desejos físicos masculinos. Se a mulher conseguisse ter um orgasmo, ótimo, mas esse certamente não era o objetivo do exercício. Mesmo nos anos 1970, falar sobre sexo com o parceiro ainda era novidade, e muitas mulheres diziam que o marido era um verdadeiro tolo quando se tratava de saber o que fazer com o clitóris de uma mulher. Naquele tempo, fazia sentido haver uma escola de pensamento segundo a qual os homens precisavam aprender o que fazer na cama. Mas isso já não faz sentido hoje.

Depois de décadas de conversas sobre sexo, filmes eróticos, livros, revistas e artigos sobre o tema, todos os aspectos mecânicos envolvidos na relação entre duas pessoas são do conhecimento de praticamente *todo mundo*. Até as revistas para adolescentes falam dos "cinquenta jogos sexuais mais recentes" para serem experimentados com o parceiro. E esses pequenos truques são extremamente explícitos!

O que vamos dizer pode parecer chocante, mas hoje em dia seu homem provavelmente não precisa ser informado sobre o que fazer na cama. É de se acreditar que ele saiba muito bem o que deixa uma mulher excitada. Portanto, dar a ele uma lista de seus desejos e necessidades só vai fazer com que se sinta pressionado, e não vai melhorar a experiência. O mesmo acontece a você quando ele lhe diz tudo o que quer que você faça. A coisa toda se torna uma experiência analítica do tipo "passo um, passo dois, passo três...". Com certeza, é organizado e eficiente, mas definitivamente não é sexy. O sexo não deveria lembrar um manual de instruções para montar um móvel — a ideia é sentir prazer, e não montar uma mesa de centro!

Outro aspecto a lembrar é que o emprego do seu parceiro pode ser do tipo em que ele passa o dia todo seguindo instruções. Será que, depois de um longo dia de trabalho, ele realmente quer ouvir de você instruções para a relação sexual? Será que isso não vai fazer com que veja o sexo como mais uma tarefa — mais um lugar em que ele tem que seguir ordens? Com certeza essa é a maneira mais eficiente de castrar um homem.

Não seja um capataz!

Quando você dá a seu parceiro instruções na cama, do tipo "quero sexo oral agora mesmo... não, não, assim não... assim, desse jeito", isso não só é um grande corta-tesão, mas também cria condições para que ele diga não. Talvez naquele momento ele não queira fazer o que você está pedindo. Isso acontece, e você deve esperar por essa situação de vez em quando. Só porque pede sexo oral, isso não quer dizer que ele queira descer naquele momento e executar a tarefa. No entanto, como você pediu, vai se sentir rejeitada se ele disser não. É aí que a raiva e o ressentimento podem facilmente aparecer na cama.

A diferença quando se usa uma abordagem mais primal e menos verbal é que ele pode fazer outra coisa se não quiser fazer o que você está sugerindo. Dessa forma, a recusa não vai parecer uma rejeição. Uma abordagem não verbal nesse caso seria empurrar delicadamente a cabeça dele para baixo, por exemplo. Outra maneira seria ficar deitada na cama e garantir que ele possa ter uma visão clara de seu corpo abaixo da cintura enquanto você olha para ele de forma bastante convidativa. Além disso, tal cenário é muito mais estimulante para os dois.

Cale a boca e parta para a ação!

A relação sexual deve ser o ato de duas pessoas que se expressam fisicamente na cama, em vez de uma discussão sobre "as necessidades de intimidade" de cada um. Isso não significa parar de se comunicar. Emocionalmente, vocês precisam ter uma excelente comunicação. No entanto, por mais que se queira pensar de outra forma, o sexo é muito mais gratificante quando não passamos os preciosos minutos na cama analisando o ato. A atmosfera precisa estar sexualmente carregada para que os dois se sintam motivados. Qualquer coisa que se diga deve soar sensual, e não como o que se ouve em uma sessão de psicoterapia. Podemos fazer isso se nos conectarmos com o outro por meio dos olhos e do corpo, deixando o papo de terapia fora da cama. Claro, se sempre acontecem entre vocês coisas que são sexualmente constrangedoras, será preciso discutir essas questões, trazê-las à luz e, depois disso, parar de falar no assunto! Não mantenha um debate até ganhar a discussão. Saiam desse clima racional e deixem que a comunicação instintiva, visual e simples assuma o controle.

As palavras usadas na cama também não devem lembrar ao parceiro tudo o que foi dito por vocês durante o dia; aquelas coisas que, francamente, também podem nos deixar profundamente irritados com o outro. Por exemplo, se você disser: "Meu docinho, eu queria tanto que você chupasse meus mamilos com mais frequência", isso não vai lembrá-lo de que dez minutos antes você disse "Meu docinho, eu queria tanto que você deixasse o banheiro limpo com mais frequência"? Ou quando você menciona coisas corriqueiras do dia como "Querido, você se lembrou de marcar a consulta do dentista?" quando seu marido está em cima de você, não acha que isso vai acabar com o clima? Nesses dois casos, pode ter certeza de que essa linguagem *não* vai manter os dois presentes no momento. Embora seja verdade que as palavras podem promover o sexo e apimentar as coisas, a entonação e as palavras erradas não valem o risco de acabar com o clima.

O diálogo no quarto também pode fazer um parceiro se sentir culpado. E culpa e sexo não são bons companheiros. Quando você pede a seu marido para fazer determinadas coisas de certa forma, será que isso não vai fazê-lo sentir-se culpado porque você precisou pedir e ele não a está tocando como deveria? Você pode conseguir o que quer, mas ele vai fazer o que você pede porque se sente culpado, e não porque deseja fazer aquilo. Muita conversa pode levar a mais culpa e menos sexo. No entanto, um pouco de silêncio pode levar vocês dois a lugares na mente e no corpo que não experimentam há bastante tempo. E quando o sexo acontecer, será de forma livre e natural, para variar.

No início, tudo acontecia porque vocês estavam loucos de desejo um pelo outro. Vocês eram versões idealizadas de si mesmos quando se conheceram e quando transaram pela primeira vez. Agora que já conhece seu parceiro, com todas as suas inseguranças e maus hábitos, você pode achar que aquele sentimento de desejo é simplesmente impossível, mas isso não é verdade! No silêncio, alguma coisa vai acontecer, temos certeza. Esse será um passo na direção da tensão sexual original e do mistério que vocês desfrutavam no início do romance.

O silêncio é afrodisíaco

A história a seguir, sobre Jane e seu marido Kyle, ilustra o tipo de impacto que um pouco de silêncio pode ter na cama. Jane estava sempre comprando roupas íntimas novas, na esperança de despertar desejo no marido. Depois de alguns drinques, Jane nos contou que nada parecia reacender o tipo de paixão que eles sentiam no início do relacionamento. Eles foram casados durante oito anos e, embora ainda transassem duas vezes por mês, o sexo não tinha a paixão dos primeiros dois anos. Kyle é ator e, de vez em quando, precisa passar diversos dias, ou mesmo diversas semanas, longe de casa. Jane foi modelo. Ela nos disse que uma das vantagens do trabalho dele é criar em ambos uma expectativa e uma tensão sexual toda vez que passam algum tempo longe um do outro. Infelizmente, nas últimas ocasiões esse tipo de tensão sexual começou a diminuir, e as roupas íntimas sugestivas que ela comprava não fizeram qualquer diferença.

Toda vez que meu marido voltava para casa depois de um período de trabalho, eu usava uma lingerie nova da Victoria's Secret, mas ele já não reagia mais. Às vezes dizia alguma coisa como "bonita produção", mas isso era tudo. No entanto, uma noite as coisas se passaram de outra maneira. Eu usei uma nova lingerie muito sexy e ele ficou alucinado. Nós transamos durante pelo menos duas horas e o sexo foi melhor do que na lua de mel! E eu acho que não foi só a roupa.

Portanto, perguntamos a Jane o que naquela noite tinha sido tão diferente das outras:

Bem, eu saí do banheiro usando um sutiã e uma calcinha muito sexy e só caminhei pela casa fazendo umas coisinhas. No entanto, não fiz qualquer comentário sobre minha aparência, como costumava fazer antes. No passado, sempre que eu vestia alguma coisa sugestiva, fosse uma nova calcinha, fosse um novo vestido, sempre olhava para meu marido esperando algum tipo de elogio. Eu sempre perguntava alguma coisa como "Não estou uma gata, querido?" ou "Nada mal para quem tem 38, não é mesmo?" No entanto, naquela noite eu não disse uma palavra. Só olhei para ele longamente e continuei com meus afazeres. Andei um pouco pela casa, me sentei na cama e comecei a pintar as unhas dos pés, olhando para ele o tempo todo com o olhar de quem sabe das coisas. Mas não disse nada sobre minha aparência. Na verdade, não falei muita coisa. Eu não achava que precisava dizer nada. Estava só cuidando das minhas coisas e dizendo com os olhos que estava me sentindo sexy e queria transar com ele. Foi aí que ele ficou alucinado. Nem mesmo esperou que o esmalte das minhas unhas secasse!

Nesse caso, o segredo é que Jane deixou os olhos e a linguagem corporal falarem por ela, e isso deu a Kyle a chance de usar a imaginação, para variar. Ela deu à imaginação dele uma oportunidade de funcionar, em vez de dizer o que ele deveria pensar quando olhasse para ela. Para um homem, uma mulher de roupa íntima que pede um elogio poderia muito bem estar totalmente vestida. Ainda é a mesma esposa, apenas fantasiada — em vez de ser uma criatura atraente e enigmática que o marido não consegue entender. Contudo, uma esposa que veste lingerie sugestiva e se sente confiante, atraente e segura de si é uma pessoa totalmente diferente para o homem. Essa é uma mulher instigante. Uma mulher que ele precisa conquistar!

Quando você pergunta a seu marido se não fica bem com um vestido atraente ou um novo sutiã, rouba-lhe a chance de chegar àquela conclusão por si mesmo. (No entanto, se ele nunca a elogia, é preciso avaliar a situação.) Pedir um elogio a ele também pode fazê-lo sentir-se culpado por não ter tomado a iniciativa. Como dissemos antes, culpa e sexo não são bons companheiros. Portanto, não fique tentando arrancar do seu marido elogios ou prazer sexual. Deixe as coisas acontecerem naturalmente.

O que a história de Jane ilustra é o fato de que, quando deixamos o clima da noite acontecer naturalmente, os resultados são melhores. Em vez de tentar criar o clima, deixe que seu parceiro chegue a ele naturalmente, bastando, para isso, expressar sua sexualidade interior. Procure soltar suas próprias fantasias e comporte-se como se seu marido fosse alguém que você acabou de conhecer e com quem aceitou ter uma noite de sexo apaixonado antes que vocês dois voltem para a rotina diária.

A suprema conexão íntima

Como este capítulo fala de olhar nos olhos do parceiro, pensamos em mencionar um dos momentos de maior proximidade em que você pode tentar fazer isso — quando ele estiver dentro de você. Sim, durante o sexo, quando ele estiver em cima de você, com o rosto dos dois a poucos centímetros de distância, e você sentir que ele está inteiramente dentro do seu corpo e vocês se moverem em perfeita harmonia; alguma vez você experimentou abrir os olhos em um momento como esse? Nós sabemos que muitas vezes pode ser mais fácil pensar em uma situação erótica se os olhos estiverem fechados — quase todo mundo se masturba dessa maneira, portanto talvez seja difícil romper com esse hábito. Mas experimente olhá-lo, mesmo que por alguns segundos. Você pode experimentar um choque sexual e emocional — algo que nunca vai esquecer.

Joy e Rick, ambos na casa dos vinte e muitos anos, estão juntos há mais ou menos dois anos. Embora ainda vivam em apartamentos separados, dormem juntos várias noites por semana. A vida sexual ainda é muito gratificante para os dois. Joy achava que já tinha experimentado de tudo em matéria de sexo até a noite em que surpreendeu Rick olhando para ela:

Rick e eu temos uma excelente vida sexual, muito melhor do que experimentei com namorados anteriores. Eu nunca tinha pensado em abrir os olhos durante o sexo, mas agora, quando penso na questão, vejo que costumava ficar chateada quando estava em cima de um homem e olhava para baixo e os olhos dele estavam fechados como se estivesse muito longe. Como em geral fecho os olhos, nunca pensei muito na questão.

Até outra noite, quando Rick e eu estávamos transando bem devagar, um sexo quase tântrico. Ele estava se movendo lenta e sensualmente e eu também fazia o mesmo. É o que mais adoro na nossa compatibilidade sexual — às vezes gostamos de parar e de realmente sentir um ao outro. Eu nunca fui o tipo de garota que quer que o homem faça tudo muito depressa o tempo todo. De qualquer forma, Rick estava em cima de mim e, por alguma razão, abri os olhos e olhei para cima e ele estava olhando nos meus olhos naquele exato momento. Foi o momento de maior conexão e erotismo que experimentei em toda a vida. Eu nunca tinha olhado os olhos de um parceiro enquanto transava; certamente nunca durante um momento tão sensual quanto aquele. Ele continuou a se mover devagar e mais fundo dentro de mim, sem parar de me olhar nem por um instante. Era como se estivesse me penetrando com tudo o que tinha: os olhos, o pênis, a alma... Não consigo sequer descrever aquilo, mas foi muito poderoso. Eu nunca tinha experimentado tanta proximidade com um homem. Depois daquela noite, me senti mais ligada a ele do que a qualquer outro homem. Nós não fazemos isso toda vez em que transamos, mas quando acontece ainda é como se uma corrente elétrica atravessasse meu corpo!

Como Joy explicou, não é preciso olhar nos olhos do homem toda vez que fizer sexo com ele. As mulheres precisam se entregar a fantasias eróticas, e isso geralmente implica em fechar os olhos. O mesmo vale para os homens. No entanto, tente abrir os olhos e olhar para seu parceiro de vez em quando. O que aprendemos com os homens com quem conversamos é que eles gostam de ser observados durante o sexo. Isso faz com que sintam que você está realmente pensando neles, e não fechando os olhos e pensando no Brad Pitt. Eles se sentem valorizados. E isso provavelmente vai fazer vocês se sentirem mais próximos do que imaginam. Não é incrível o quanto se pode falar sem dizer sequer uma palavra?

Deitar-se em silêncio

O casal seguinte, Sam e Arlene, é exemplo de uma maravilhosa comunicação não verbal que se perdeu com o tempo. Arlene, de 51 anos, foi feliz durante trinta anos de casamento com Sam:

Em geral, Sam quer transar comigo somente uma vez por mês, mais ou menos. Ele costuma dizer alguma coisa como: "E aí, está a fim de um fuque-fuque essa noite?" Isso não é ruim, mas não é como no início. Eu lembro que uma das coisas mais eróticas que ele fazia no início era me surpreender apagando as luzes do quarto e ficando deitado na cama, nu. Era muito sexy porque era inesperado e ele não dizia nada. Nós podíamos estar lavando a louça e colocando as crianças para dormir — esse tipo de coisa — e ele ia para o quarto, apagava todas as luzes e esperava por mim. Quando eu entrava no quarto, ele não dizia nada — estava tão escuro que eu não conseguia nem mesmo vê-lo. Eu adorava observá-lo assumir o controle daquela forma. Em geral, eu tirava toda a roupa e me deitava ao lado dele e nós ficávamos lá em silêncio. Era muito excitante porque não sabíamos o que ia acontecer em seguida. Às vezes eu esticava a mão e começava a acariciar o pênis dele e às vezes nós só começávamos a nos beijar e acariciar, mas era muito sexy, porque nenhum dos dois tinha dito qualquer coisa antes. Seja como for, agora, por alguma razão, ele não faz mais isso. Ele gosta de chamar o sexo de fuque-fuque, o que não é tão erótico quanto apagar as luzes do quarto e se deitar lá, calado, à minha espera. Aquilo era o máximo!

Arlene e Sam precisam recuperar a vida sexual e voltar àqueles dias em que tinham toda essa tensão sexual não verbal. Isso não é tão difícil. Sugerimos a Arlene que ela, em uma noite, tomasse a iniciativa de fazer o que Sam costumava fazer — esperar na cama, em silêncio, com as luzes apagadas e ver o que aconteceria. Os resultados superaram em muito as expectativas:

Meu Deus! Foi a melhor coisa que já fiz! Não sei por que não pensei nisso antes. Uma noite, fiz exatamente o que Sam costumava fazer. Sem aviso, apaguei as luzes do quarto e só fiquei deitada na cama, nua. Eu estava com tanto medo! Achei que ele poderia entrar e perguntar que diabos era aquilo, mas ele soube na mesma hora que eu estava ali deitada à espera dele e acho que isso o excitou mais do que qualquer outra coisa antes. Nós transamos como um casal de adolescentes! Então, na noite seguinte, ele apagou as luzes do quarto e esperou por mim, mas dessa vez pendurou na porta um robe muito sexy que deve ter comprado durante o dia. Achei aquilo incrível. Em vez de dizer "Veja o que comprei para você", ele pendurou a roupa na porta, indicando que queria que eu a vestisse. Foi muito erótico. Naquela noite, fiquei cheia de fantasias. Foi pra lá de intenso!

O que se passou entre Sam e Arlene mostra o que pode acontecer quando deixamos a imaginação reinar na cama. O silêncio realmente ajuda. Inventar fantasias não necessariamente implica pensar em alguém diferente do parceiro, mas pode significar que os dois estão pensando um no outro em uma realidade diferente da habitual.

É por essa razão que falar muito pode ser prejudicial para a iniciativa de sair da persona do dia a dia com o marido. Sua voz e sua maneira de falar durante o dia, por mais agradáveis e doces que sejam, só vão fazer os dois se lembrarem de quem são fora do quarto. Isso não vai despertar na mente de cada um pensamentos sobre o animal sexual dentro de vocês, que não tem absolutamente nenhuma relação com a mulher que no início da tarde estava preparando uma lasanha ou com o homem que estava consertando a torneira quebrada. O quarto é o seu santuário, seu local de sexualidade e fantasia com o parceiro. Portanto, lembre-se de tratá-lo da forma certa.

Se você adotar essa atitude com frequência, seu mundo sexual e seu relacionamento como um todo se tornarão uma admirável versão nova do mundo de antes. Um mundo em que tudo continuamente se renova. O sexo deve ser um lugar aonde vamos física e mentalmente para escapar do mundo diário — onde nos sentimos diferentes do que somos durante o dia. Tudo começa quando vocês realmente reservam tempo para se olharem e permitirem que a mente assuma o controle, no lugar das palavras. O único tipo de conversa que vocês devem ter no quarto (além da linguagem erótica) deve ser a conversa do coração. Afastem-se da rotina e deixem que uma intimidade *real* aconteça por meio da comunicação não verbal. Permitam-se tirar esse tempo. Desfrutem a maravilha de estarem juntos. Sintam o calor da pele na pele. Ouçam a respiração um do outro. Deixem-se afetar pelo toque do parceiro. E, naturalmente, olhem-se nos olhos. O poder de uma coisa tão simples é imenso.

LIGADOS SEM PALAVRAS

1 Reserve algum tempo todo dia para olhar nos olhos do parceiro. Concedam-se esses momentos para terem um sentimento de ligação profunda entre vocês.

2 Não verbalize todos os pensamentos que passam por sua cabeça durante o dia e prometa não falar incessantemente sobre as tarefas diárias quando estiver no quarto. Seu quarto é o seu santuário — trate-o como tal.

3 Pratique passar alguns minutos de silêncio com seu parceiro todos os dias e comunique-se por meio do toque — na cama e fora dela. Desliguem-se do mundo e liguem-se um ao outro.

4 Não leve uma lista de necessidades para a cama. Não dê a seu parceiro instruções sobre a atividade sexual; em vez disso, deixe seu corpo orientá-lo.

5 Em algum momento durante o sexo, olhem-se nos olhos e tenham a coragem de ir aonde esse olhar os conduzir.

Capítulo Cinco

Diga obscenidades...
seja ousada

*Adoro quando meu marido olha nos meus olhos e diz:
"Quero te foder agora mesmo."*
Lucinda, 38 anos

*Huum... Sussurrar pornografia no ouvido do meu parceiro
sempre funciona.*
Daphne, 29 anos

No ÚLTIMO CAPÍTULO, falamos sobre a importância da comunicação não verbal. Em capítulos anteriores, discutimos como é prejudicial para a vida sexual chamar e ser chamada por apelidos como "docinho", ou por nomes idiotas como (prepare-se para uma lista embaraçosa) *doce de coco, bolinho, conchinha, mozinho, bitinha, xuquinho, xuquinha, popozinho, chaninho, chaninha, coelhinha, coquinho, fodinha, Mc-quente, Mc-sexy (meu Deus, uma homenagem ao McDonalds?), ursinho, bubu, bubuzinha, popozuda, peixão, peixinho, gatinho, bobozinho, paizinho, mãezinha* e muitos outros. Nos divertimos muito compilando essa lista de nomes infantis, bonitinhos e bizarros. E todos sabemos como podemos ser criativos na invenção de palavras bonitinhas, novas e totalmente originais para chamar o amor da nossa vida. Parabéns por esses novos recordes de criatividade. Mas nós realmente precisamos parar com isso — já! Use nomes inventados para chamar seu bichinho de estimação, tenha um amigo imaginário assexuado a quem você possa dar um apelido desses, arranje um correspondente para chamar por algum nome idiota, mas não faça isso com seu parceiro. Talvez você só precisasse ver essa idiotice em preto e branco para entender como isso é errado... e parar de agir dessa maneira!

Portanto, agora vocês precisam chamar um ao outro por seus verdadeiros nomes. E isso é vital, porque confirma para nossos parceiros, tanto no nível verbal quanto no subconsciente, que somos entidades separadas. Mas isso não significa que vocês só possam se chamar pelos nomes de batismo completos — o que também pode ser um pouco chato. Por exemplo, se seu nome for Catarina, você pode ter muitos apelidos: Cat, Catinha, Tina, Nina, e assim por diante. Com isso, é possível ter um pouco de variedade, mas ainda manter a diferença entre vocês dois. Dito isso, essas variações devem ser nomes que podemos usar em público.

Dá pra mim, gostoso

Outro nome que vocês podem usar um com o outro e que não é tão prejudicial a suas identidades passionais é "gostoso", mas tenha cuidado! Essa palavra pode ser muito sensual se for usada com cautela, portanto, limite-se a empregá-la nos momentos eróticos para que ela não perca a força. É muito fácil destruir a carga de sensualidade de uma palavra. Por exemplo: se você disser coisas como "Gostoso, você pode levar o lixo para a lixeira?" ou "Gostoso, vou até a farmácia comprar absorventes, você precisa de alguma coisa?", isso definitivamente não vai dar certo. No fundo o que você fez foi transformar essa palavra em mais um apelidinho idiota. E, mais uma vez, se você associar aquela voz infantil ao uso da palavra... bem, já sabe qual será o resultado.

Use "gostoso" quando estiver se sentindo no clima e quiser namorar um pouco durante o dia. Por exemplo, se vocês passarem o dia sentindo falta um do outro, quando seu marido entrar pela porta, dê-lhe um beijo quente e diga: "Gostoso, esperei por isso o dia todo." Quando você estiver realmente bonita, seu marido poderá dizer: "Gostosa, você está uma gata!" Entendeu? Gostoso é uma boa palavra, mas não exagere.

E não use o diminutivo "gostosinho". Isso é só um pouquinho melhor do que "docinho", e chega muito perto de: "Gostosinho, o cachorro vomitou de novo, você pode me ajudar a limpar?" É claro que muita gente já cantou alguém chamando o alvo de gostosinho ("Você é meu gostosinho, você é meu gostosão..."), mas apostamos que não colou.

Portanto, "gostoso" não é ruim, mas tome cuidado. Se você usar até mesmo essa palavra, poderá recair naquela situação tão temida de chamá-lo de "docinho", portanto evite fazer isso. É melhor usar os nomes próprios ou uma variação deles. Você pode começar a experimentar alguns termos mais apimentados, o que nos leva ao que realmente queremos discutir: este capítulo trata do que podemos dizer um ao outro quando ninguém está escutando. Estamos falando de obscenidades. Isso mesmo, de um verdadeiro papo erótico.

No entanto, antes que você comece a entrar em um clima de provocação verbal com seu parceiro, precisa ter certeza de que não está fazendo algo que torne o próximo passo impossível. Para começar, você não pode mais andar pela casa calçando pantufas de coelhinho e vestindo o velho pijama de flanela, chamando seu parceiro de "punquinho" com aquela voz infantil! Como ele poderá achar isso erótico? A ideia é usar palavras picantes, e não palavrinhas infantis. Ok, talvez você não queira abrir mão das pantufas e do pijama de flanela, mas precisa se perguntar francamente se teria usado aquilo quando o conheceu. Não usaria? Bem, então talvez seja a hora de fazer uma doação para um bazar de caridade. E vocês, rapazes, se estão andando pela casa vestindo uma cueca esfarrapada que deixa parte das "coisas" de fora e uma camiseta com manchas de muitas refeições, mesmo que digam alguma coisa extremamente sexy para suas mulheres, diante da aparência que exibem, a intenção vai cair no vazio, certo? Se suas cuecas estão a ponto de se desintegrarem, está na hora de comprar algumas novas. Pelo amor de Deus! Tenham um pouco de respeito próprio.

Portanto, olhem bem para si mesmos, façam um esforço e cuidem da aparência. Nós não estamos dizendo que para usar uma linguagem indecorosa você também precisa usar roupas sugestivas o tempo todo ou passar o dia na academia, mas existem níveis de autorrespeito abaixo dos quais não devemos ir. Sair e gastar uma fortuna comprando os últimos lançamentos da Victoria's Secret não vai funcionar se vocês ainda estiverem se chamando de "mozinho". Mesmo que você esteja deitada na mesa da cozinha em uma pose agressiva, usando saltos doze, meias pretas, calcinha fio-dental e sutiã *push-up*, quando diz em sua voz mais infantil: "Docinho, olha o que eu estou guardando para você", isso não vai funcionar. Em um momento como esse, você precisa dizer algo sugestivo — alguma coisa suja e pesada ou excitante; definitivamente, alguma coisa adulta.

Em todo relacionamento duradouro, o casal tem que fazer algum esforço. Você sabe disso, não sabe? Vocês se empenharam pela comunicação, pela parceria, pela organização da vida diária e ainda para atender às tarefas domésticas e aos cuidados com as crianças (se as tiverem). Sendo assim, por que não fazer um esforço em benefício da vida sexual e da manutenção da paixão mútua? Essa é uma parte muito importante do relacionamento, e também pede atenção. Não deixe de lado esse aspecto.

Você precisa voltar atrás e tentar visualizar seu companheiro ou companheira como alguém com quem tem uma nova relação, porque, para manter a vida sexual empolgante, é preciso renová-la. E o melhor é que, quando vocês recuperam a paixão, são recompensados com mais saúde e bem-estar. A pele fica mais bonita. O condicionamento físico melhora. Você parece e se sente mais jovem. A ligação entre vocês se fortalece. Sim, vocês dois conquistam tudo isso quando têm mais sexo. E, além disso, é gostoso, o que não é nenhum segredo. Portanto, assumam o lado vigoroso, animal, indecente de si mesmos e usem linguagem picante. Falem obscenidades e sejam ousados. Nós sabemos que essa prática pode ser mais fácil para os homens... eles têm uma tendência maior a abraçar esse clima. Mas não estamos sugerindo esse curso de ação apenas para deixar seu homem excitado — estamos sugerindo isso porque *a mulher* pode ficar mais excitada. É fantástico para os dois. Confie em nós, você vai se sentir mais sexy e mais sintonizada com seu lado animal. Existem muitas maneiras de entrar em contato com esse lado, portanto continue a ler...

Pornografia, sim ou não — eis a questão

Uma maneira de conseguir inspiração para esse tipo de diálogo é assistir a filmes pornográficos. Nós entendemos muito bem quem acha que os filmes pornográficos são desagradáveis e ofensivos às mulheres. Concordamos que nessa indústria existem muitos filmes repugnantes que mostram práticas ainda mais repugnantes. Isso é absolutamente verdadeiro. E também não estamos, de forma alguma, recomendando ver pornografia se isso vai contra o seu código moral. No entanto, mesmo para meninos e meninas mais exigentes do ponto de vista moral, algumas frases e ideias desse mundo podem ser adotadas e trazidas para o relacionamento. Por que fazê-lo? Porque isso dá prazer!

Conversamos com um casal, Tom e Sarah, de tendências bem retrô. Os dois vestem roupas *vintage* e têm muito estilo. Para eles, a pornografia moderna é absolutamente feia e grosseira. No entanto, eles descobriram que gostam dos filmes adultos das décadas de 1920 a 1940 (é verdade, assim que a câmera de cinema foi inventada, começaram a filmar pessoas tendo relações sexuais!), e isso pode agradar a muitos casais de hoje, mesmo aos que não adotam uma estilo retrô. Tom e Sarah, assim como diversos outros casais, às vezes gostam da ideia de ver alguma coisa proibida quando estão na cama, mas não gostam dos aspectos vulgares e às vezes totalmente grosseiros dos filmes pornográficos modernos. Portanto, em vez de vê-los, esses casais procuraram alguma coisa adequada à sua sexualidade e preferência. Essa é uma das maravilhas de explorar a sexualidade com o parceiro — vocês podem descobrir o que agrada a cada um e aprender mais sobre o outro... e ainda ter prazer no processo!

Portanto, vamos voltar à época em que você conheceu seu parceiro e vocês se desejavam muito. Ora, sejamos francas... isso acontecia! Vocês se queriam como loucos. E naquela época provavelmente trocavam algumas palavras bem picantes... ou pelo menos pensavam. Quando o relacionamento ainda é recente, o que nos deixa excitadas é a novidade do corpo de um homem, do toque e do pênis dele, certo? Da mesma forma, o homem sempre tem em mente o pensamento de tocar, abraçar e ficar dentro de uma mulher desejada. Vocês nunca se cansavam um do outro! Mesmo para aqueles que consideram desagradável a ideia de falar obscenidades, perguntamos: você já tentou? Às vezes, acontece o que Eddie Murphy ilustrou tão bem em um de seus espetáculos: "Na cama, o que você prefere: alguém que diga 'Oh, faça amor comigo', ou alguém que fale 'Me foda pra valer!'?"

Ser primitivo

Vamos ser francos e honestos conosco e começar a entrar em contato com o nosso lado primitivo e animal. Afinal, nós somos animais. Só porque usamos roupas, trabalhamos, temos contas bancárias e talvez até frequentemos uma igreja, não deixamos de ter um lado mais selvagem e animal. E isso não é ruim! Você sente culpa? Se sente vulgar? Parece falta de respeito? Você e seu parceiro já se amam, certo? O compromisso já existe. Vocês estão juntos. O que levou cada um de vocês a aceitar um compromisso? Você vai nos dizer que isso aconteceu porque discutiram de forma tranquila e racional "as escolhas existenciais de cada um" e tomaram a "decisão racional" de se unirem? Venhamos e convenhamos! Vocês se desejavam, e se desejavam muito. Havia amor e muita paixão.

Agora que começaram a reservar um tempo para se olhar nos olhos, é preciso baixar o nível e ser indecentes. Sim, precisamos levantar a bola, ser mais básicos e assumir aquela criatura interior cheia de desejo que estava à flor da pele quando vocês se conheceram. Ela ainda está ali, embaixo de todo o resto. Garantimos que você não a matou. Só precisa despertar aquele animal interior pornográfico.

Sussurre enquanto trabalha

Rebecca e Sean estão juntos há quase 15 anos. Eles têm três filhos e ainda transam... e muito! Quando conversamos com Rebecca e perguntamos o que ela faz para manter o casamento aquecido a ponto de os dois se desejarem depois de tantos anos e com tantos filhos, ela nos revelou:

Eu estou sentada à mesa de trabalho e, às vezes, faltando quinze para as cinco da tarde, quando o ritmo de trabalho começa a diminuir, Sean liga para mim. Quando pego o telefone, a primeira coisa que ele pergunta é: "Oi, amor, de que cor são suas calcinhas hoje?" Sua voz é gutural, muito sexy e ele fala baixo para que as pessoas não possam escutá-lo no trabalho. Eu começo a rir e digo alguma coisa como: "Ah, é um fio-dental de renda preta." Ele responde: "Huuum, que delícia, você está molhadinha? Porque meu pau está ficando duro só de pensar que você tá molhada." Então eu começo a falar como quem está envergonhada, sussurrando: "Sean, não posso falar sobre isso agora. Ainda estou trabalhando!" E ele diz: "Ok... só queria que soubesse que estou imaginando você curvada em cima da mesa de trabalho com a saia puxada até a cintura e meu pau entrando em você enquanto mordo sua nuca". "Ok, Sean..." respondo, com medo de que meus colegas escutem o que digo. Então, sussurro ainda mais baixo: "...mas só se você me virar e me fizer gozar em um papai e mamãe." Então ele faz uma pausa para dar um gemido e comenta: "Ah, eu sei fazer você gozar, não sei, sua putinha sem vergonha?" A essa altura, estou tremendo com a excitação, que vai até o centro do meu corpo. Então respiro fundo, me controlo e digo que teremos que continuar aquela "conversa" depois do trabalho. Pelo resto do dia, conto os minutos que faltam até encontrá-lo novamente e descobrir uma maneira de ficarmos juntos. Quando nos encontramos depois do trabalho, a tensão sexual é tanta que não podemos esperar. Nós quase nem temos tempo de tirar as roupas, tamanha é a excitação! Eu adoro esse aspecto da nossa vida sexual. Em nosso relacionamento sempre podemos ir até aquele local de fantasia e dizer obscenidades um para o outro. Para nós, falar obscenidades mantém nossa vida sexual.

Sabemos que esse tipo de conversa pode ser um pouco chocante para alguns. Sabemos que a história de Rebecca e Sean pode parecer uma página de alguma revista pornô barata. No entanto, a linguagem erótica não precisa ser tão pornográfica. Para esse casal, uma linguagem muito explícita funciona. Mesmo quando eles vão para a casa cheia de crianças e não conseguem transar na mesma hora, a tensão sexual que criaram mais cedo mantém o desejo. Eles o cultivam com um olhar, um toque ou uma sugestão, que só eles conhecem, até poderem ir para a cama. Você vê como a comunicação não verbal e a linguagem obscena podem colaborar? A chave do sucesso de Rebecca e Sean é a maneira que encontraram de introduzir a pornografia na vida diária. Eles mantêm uma imprevisibilidade e uma excitação que para eles é extremamente sugestiva!

No entanto, cada pessoa é diferente, e cada casal também. Cada um tem recursos próprios para manter a excitação. Para quem não gosta desse nível de obscenidade, imagine uma situação ligeiramente diferente. Como você se sentiria se seu marido, por exemplo, telefonasse para seu local de trabalho e perguntasse simplesmente, em uma voz sugestiva: "Oi, amor, de que cor são suas calcinhas hoje? Preciso saber." Como isso funcionaria em sua mente? Você não acha que essa simples pergunta do seu parceiro iria soltar sua imaginação? Exatamente. Quando sugerimos falar obscenidades, é disso que estamos tratando. E não precisamos fazer isso o tempo todo, o dia todo. Ainda temos nossas tarefas diárias e atividades regulares. O papo indecente não precisa ser pornográfico. Mas você precisa ser criativa e descobrir o que funciona para você e seu parceiro. Escolha um momento. Pegue seu parceiro de surpresa. Seja imprevisível.

Não deve haver uma rotina regular para buscar meios de excitar os dois. Você tem uma rotina quando trabalha e quando paga as contas. Talvez jante todo dia na mesma hora, no mesmo lugar, mas não há lugar para a rotina quando se trata de sexo. Se você tiver um dia prefixado para sair com seu marido e vocês sempre forem ao mesmo lugar e fizerem as mesmas coisas... podem parar! Se não tiver em sua vida nenhum lugar onde pensar de forma criativa, deixe que a vida sexual seja essa área.

A importância de um *audible*

Todos gostamos de pequenas surpresas por parte dos parceiros: algo inesperado que demonstre amor. Pode ser uma caixa de bombons, algumas rosas ou um novo perfume — quando nosso parceiro nos surpreende, isso geralmente torna o dia agradável, coloca um sorriso em nosso rosto e aquece nosso coração. O mesmo acontece na cama. Todo mundo precisa de algumas surpresas de vez em quando, e a experiência do próximo casal mostra isso muito bem.

Leon e Keisha estão juntos há mais ou menos seis anos e são muito felizes em termos gerais. Como muitos casais, eles se dão bem, são bons amigos, mas não transavam mais com o calor dos primeiros tempos. Pelo menos até Leon trazer o *audible* para a relação. Keisha explica:

Em nosso relacionamento, Leon e eu tínhamos chegado àquela condição a que todos os casais parecem chegar depois de cinco anos, principalmente quando começaram a relação com muito tesão. Diante da quantidade de energia que tínhamos no início, o esfriamento parecia inevitável. A frequência caiu, a paixão diminuiu e acho que nossa necessidade geral por sexo ficou muito abaixo das expectativas. Nós conversávamos sem parar sobre essa questão. Lemos muitos livros de autoajuda que diziam que precisávamos elaborar listas de necessidades íntimas etc., mas nada disso funcionava. Para ser honesta, acho que estávamos apenas cansados um do outro. Conhecíamos os truques um do outro e, por assim dizer, tudo se tornou muito previsível.

Um dia, Leon saiu para comprar sorvete e me perguntou de que sabor eu queria. Respondi: "Não sei, quero uma surpresa!" Acho que vi o rosto dele mudar um pouco diante desse comentário simples. Acredite ou não, aquele pequeno comentário lhe deu uma ideia que despertou nossa vida sexual.

Quando tornamos a nos encontrar juntos na cama, nus — você sabe, fazendo o mesmo de sempre — não houve qualquer surpresa, reclamação ou mudança na sequência usual. Você sabe... fuque-fuque e pronto! Então, de repente, ele me colocou em uma posição em que eu nunca tinha estado, falou um monte de obscenidades e transou comigo de uma maneira que nunca tinha experimentado. Foi incrivelmente excitante! Mais tarde, perguntei como ele decidiu arriscar e fazer alguma coisa diferente. Ele respondeu que "tinha decidido apelar para um *audible*". Esse é um termo do futebol americano que descreve uma situação em que a linha de ataque enfrenta a linha de defesa e, de improviso, opta por uma nova jogada em função da posição do outro time no campo. Leon continuou: "Decidi surpreender você com um *audible*."

A partir daquele momento, nós dois nos sentimos menos inibidos e começamos a experimentar coisas diferentes de vez em quando. Já brincamos com posições novas, palavrões e até mesmo alguns brinquedos eróticos. Com certeza sentimos muito mais desejo um pelo outro novamente.

Leon e Keisha descobriram que às vezes os casais precisam fazer alguma coisa ousada para sair da rotina. Portanto, não tenha medo de utilizar um *audible* com seu marido! Não precisa surpreendê-lo com alguma atitude chocante, como um brinquedo erótico superobsceno, se não se sentir confortável com isso. Comece por uma pequena surpresa e parta daí. É possível que ele pegue a deixa e também comece a surpreendê-la.

Nisso tudo, o mais importante é que vocês se vejam como seres sexuais, como os amantes apaixonados que foram no passado — com mais espontaneidade, mais surpresas e certamente com mais linguagem obscena. Agora, ele pode chamar você de "minha puta" e você pode chamá-lo de "meu garanhão do pau duro". O que vocês dizem é escolha sua, naturalmente. Vocês precisam conversar e decidir que tipo de linguagem é excitante e até onde querem ir. Cada um de nós é diferente nesse aspecto. Se seu parceiro começar a falar coisas realmente indecentes e a chamá-la de "buceta gostosa" e você se sentir desconfortável com isso, é claro que esse tipo de linguagem não vai funcionar. Talvez, em vez disso, ele possa dizer alguma coisa sobre "querer ficar dentro de você e sentir você embaixo dele" ou "querer sentir seu sabor com suas pernas em torno dele". Se esse tipo de conversa a estimula, precisa dizer a ele para falar dessa maneira. Ou, se para você o truque é fingir que são pessoas diferentes, faça isso. Tudo isso é bom. Linguagem obscena, encenação de papéis... a coisa toda. No que diz respeito às fantasias que vocês podem explorar mental, verbal ou fisicamente, o céu é o limite. Mais uma vez, a criatividade pessoal pode manter a excitação. Comece pela comunicação não verbal e depois encontre as palavras e as maneiras que deseja explorar com ele, e procurem ser honestos na plenitude de seus seres primitivos e animais.

Alguns casais podem ter problemas com linguagem obscena apenas porque não conversaram o bastante sobre aquilo de que gostam e não gostam. A pior opção é dizer as coisas erradas achando que aquilo vai ser estimulante e, na verdade, estar jogando um balde de água fria na coisa toda! Infelizmente, o resultado pode ser nenhum sexo. Portanto, é importante tomar a atitude certa. As necessidades e preferências dos dois são importantes, tanto para dar quanto para receber. Nesse aspecto, nenhum dos dois deve se sentir no banco do carona, sendo levado pelo outro. O certo é ser franco e honesto.

Falar a mesma língua

Kara e Chase estão casados há pouco tempo. Os dois já foram casados antes e agora estão na casa dos trinta anos. Chase e a ex-mulher se separaram por causa de diferenças de opinião sobre o que consideravam linguagem obscena. Embora ele e Kara sejam muito felizes, o primeiro casamento dele talvez pudesse ter sido salvo se ele e a mulher tivessem discutido as próprias preferências com relação à linguagem a ser usada na cama. Kara nos explica o que aconteceu no casamento anterior de seu novo marido:

Chase e eu nos casamos há pouco tempo e recentemente ele me contou que sua ex-mulher era muito "esquisita" sobre o que chamava de obscenidades na cama. Para começar, ela detestava quando Chase dizia qualquer coisa moderadamente explícita. Ele me contou que ela ficava realmente perturbada e ofendida se ele dissesse qualquer coisa tão simples quanto "Eu adoro chupar seus seios" ou "Você tem uma bunda linda". Bem, eu me considero uma mulher madura e sofisticada e, apesar de nem sempre usar palavrões fora da cama, gosto de uma linguagem picante quando estamos transando. No entanto, Chase me disse que a ex-mulher dizia coisas como: "Seu pênis é bonito", ou "Por favor, coloque a boca na minha vagina" ou até mesmo "Preciso de alguma umidade nos meus grandes lábios". Não entendo isso! Não admira que ele tenha dito que o sexo com ela o deixava completamente frio; eu entendo por quê. Quer dizer, as expressões "grandes lábios" e "vagina" parecem termos médicos, é quase repelente. A "linguagem obscena" dela tirava todo o tesão dele. Quem quer ouvir esse tipo de coisa durante o sexo? Como isso pode ser excitante? Se eu fosse um homem, o que ia preferir escutar — vejamos... "Por favor, você pode inserir seu pênis na minha vagina" ou "Mete o pau na minha buceta molhada"? Para mim, não há dúvida. Felizmente nós não temos esse problema... e o sexo é fantástico!

Chase e sua ex-mulher definitivamente não falavam a mesma língua. O maior problema deles era a falta de comunicação. E isso provavelmente acontecia também fora da cama. Experimentar é bom quando se trata de sexualidade, mas não é uma coisa boa se algumas ações ou expressões do parceiro deixam você pouco à vontade. Se todo tipo de linguagem picante deixa você desconfortável, talvez alguma coisa mais profunda em sua psique deva ser analisada. O sexo acontece primeiro na mente. E a mente tem que produzir pensamentos eróticos para que o corpo responda. Uma linguagem sugestiva ajuda nesse aspecto. Só precisamos cuidar para encontrar a linguagem certa para cada um de nós.

Sexo com a pessoa amada deve ser prazeroso, deve ser gostoso — e, sim, às vezes deve ser indecente! A pornografia não é uma coisa ruim. Você e seu parceiro estão simplesmente celebrando juntos os próprios corpos. É até mesmo uma coisa bíblica. No Velho Testamento, o "Cântico dos cânticos" fala exatamente sobre o amor (e o tesão) que Salomão e a noiva sentiam um pelo outro. Eles exploraram esses sentimentos e ficaram felizes com eles. Não havia nada de errado com tais sentimentos naquele tempo, e não há nada de errado com eles agora.

Sentir tesão é humano

Talvez você não acredite nesse conceito, principalmente agora que você e seu parceiro já vivem juntos há algum tempo e já "passaram por isso e fizeram aquilo..."; ou talvez não esteja se sentindo atraente, porque acabou de ter um bebê. Quem sabe, você pode estar muito ocupada... cansada... mais velha... ou tudo isso junto. Além disso, se você o chamava de "tchuquinho" e ele a chamava de "mamãe ursa", talvez pense *Como vou me sentir atraente e ousada novamente?*, ou pergunte *De que animal interno você está falando?*

Talvez você e seu parceiro possam estar pensando que *o relacionamento é ótimo e vocês apenas não têm tempo suficiente para o sexo e, além disso, nunca foram tão sexuais assim.* Tudo isso tem um lado negativo. Você se lembra da introdução deste livro, em que falamos sobre o que acaba por acontecer no relacionamento com pouco ou nenhum sexo? Abstinência sexual ou traição. Em geral, depois de algum tempo de relacionamento sem sexo, a traição se manifesta. Você pode achar que "apenas não sente mais tanto tesão", ou que "o relacionamento já superou esse estágio e já não precisa mais disso". Pense bem! Somos todos humanos e a sexualidade faz parte de nossa humanidade.

É muito provável que um de vocês ou os dois acabem por conhecer alguém que vai fazer sua energia sexual fluir novamente. Isso acontece. Na verdade, acontece o tempo todo. Por que razão você supõe que o índice de divórcios é tão alto? Porque as pessoas estão envolvidas em relacionamentos sem sexo. Ou então, mesmo que haja sexo, ele é sem graça e burocrático. De repente, surge alguém e todos esses pensamentos e sentimentos retornam e somos adolescentes outra vez. E não estamos falando de um riachinho que pode ser aterrado. Estamos falando de corredeiras. É muito difícil não agir nessas circunstâncias. A julgar pelos índices de divórcios ou pela estatística de traições no casamento, esses sentimentos são tão dominantes que é muito difícil ignorá-los.

Há quem pense que é possível guardar a sexualidade em uma caixa porque já não sente mais a presença dela. No entanto, acredite: essa caixa vai explodir um dia, quando aparecer alguém para detoná-la. Sua sexualidade sempre vai encontrar um meio de se manifestar novamente, por mais convencida que você esteja de tê-la enterrado para sempre. Ela é como aqueles tufos de grama que surgem nas rachaduras do calçamento. Sua sexualidade tem uma vontade incrível de sobreviver e, se você não deixá-la manifestar-se em seu próprio relacionamento, ela vai surgir em algum outro lugar.

Lembra da história de Brian e Megan, no primeiro capítulo? Eles eram casados há vinte anos, eram excelentes amigos, mas Brian traiu Megan e engravidou a amante. O casal achava que era feliz, apesar de ter guardado a sexualidade em uma caixa fechada. Contudo, a traição do marido foi o resultado da fuga de sua sexualidade de dentro da caixa que ele considerava trancada. É provável que alguns leitores estejam imaginando que a traição aconteceu porque Brian conheceu uma jovem bonita e sexy. É bem possível que esse seja o caso. Por outro lado, ele poderia ter conhecido alguém menos atraente que sua parceira de toda uma vida. O relacionamento do casal estava prejudicado (embora eles não soubessem disso) pelo uso de apelidos absurdos, linguagem infantil e o sentimento de conforto com a condição de melhores amigos. No entanto, no caso de Brian e da outra mulher, a aparência dela era menos importante que a comunicação não verbal que começou a acontecer entre eles e o tipo de palavras que usavam.

Brian nos contou em particular que esse foi o motivo pelo qual não conseguiu se conter. Foram as palavras dela que o deixaram excitado. Conta ele:

> Certa noite, ela começou a usar expressões realmente obscenas e eu não conseguia acreditar em como aquilo me deixou excitado. Ela não era tão especialmente bonita ou interessante, mas, quando começamos a usar aquelas expressões pornográficas, não consegui me conter.

Esse é o ponto importante que queremos ressaltar. Você acha que a garota perguntou a Brian: "Oi, doçura, você quer vir à minha casa depois de nossa reunião e talvez fazer sexo?" É altamente improvável. Rolou muito flerte e muita linguagem picante. Ela fez alguns comentários muito sugestivos como: "Brian, você me dá tanto tesão que eu estou doida para fazer um boquete em você." Ele respondeu no mesmo tom e a sua sexualidade brotou como grama nas rachaduras da calçada. Naquele momento ele provavelmente estava tão excitado que já não podia parar. Essa era a intensidade e o poder de sua sensualidade. Uma vez tendo começado a dizer obscenidades, ele estava em uma estrada sem volta. Se esse tipo de flerte e linguajar rolasse em casa, se Brian e Megan fossem mentalmente estimulados um pelo outro, será que a outra mulher seria uma tentação tão grande que o fizesse jogar pela janela o relacionamento de vinte anos? Nós achamos que não.

Sua própria linguagem secreta

Como mencionamos no primeiro capítulo, o que mantém o relacionamento intenso é o diálogo sexual diário. Infelizmente, era isso o que faltava para Brian e Megan. O primeiro passo do diálogo sexual é chamar um ao outro pelo nome e usar uma maneira de falar adulta. Ele também abrange todas as outras maneiras verbais ou não verbais através das quais o casal se comunica durante o dia. Uma linguagem sexualmente explícita é mais uma dessas maneiras.

Rebecca e Sean, com o sexo por telefone durante o horário de trabalho, têm uma maneira muito explícita de dialogar quando querem se provocar sexualmente, mas nem todo casal precisa usar uma linguagem tão direta. Os casais precisam ter a própria linguagem secreta, com a qual os dois se sintam à vontade. Isso é vital em *todo* relacionamento. É como ter uma frequência ou um comprimento de onda próprio para se comunicar; de certa forma, é como ter a própria taquigrafia sexual.

Vai de *swing*?

Quando os casais perdem essa conexão e não dispõem de meios para recuperá-la, a frustração pode ser extrema. É como dirigir o carro e procurar ao mesmo tempo por uma estação de rádio que você adorava — você fica girando o botão sem parar e só consegue ouvir estática. Nesse caso, o que você faz? Desliga o rádio (ou seja, sua vida sexual) ou procura outra estação: outro amante. Nós recomendamos expressamente não procurar outro amante. Quer vocês tenham amantes secretos, quer decidam participar de trocas de casais, não faz diferença — mesmo que vocês compartilhem a experiência. Pelo simples fato de estarem cientes da relação extraconjugal e de participarem dela, você acha que isso está certo? Não está. Mesmo que vocês fiquem juntos, isso enfraquece a ligação e cria um abismo imenso no relacionamento. Essa ligação deve pertencer a vocês dois e somente aos dois. A fantasia é sempre melhor do que as consequências da realidade. Mesmo que os dois encarem a relação extraconjugal como "apenas um pouco de diversão paralela", não dá para ressaltar de forma suficiente o prejuízo que essa "pequena diversão" pode causar a vocês, como casal e como indivíduos. Sem mencionar as consequências da relação extraconjugal (mesmo que seu cônjuge saiba o que está acontecendo) e do efeito dela sobre os filhos, a família e os amigos. Portanto, não faça isso! Apesar de nós afirmarmos que o comportamento e a linguagem obscena são uma coisa boa, não queremos dizer que você deva pirar de vez e transar com o bairro todo! Perca o controle e seja totalmente tarada com seu próprio parceiro, mas não transfira esse desejo para outra pessoa. Mais uma vez, as fantasias servem para isso. Vá em frente... tenha as fantasias mais loucas, só não as transforme em realidade.

É por isso que insistimos na importância de ter uma excelente vida sexual, ou seja, uma vida sexual excelente com seu parceiro! Se o casal não compartilhar esses sentimentos, os cônjuges irão encontrá-los fora do casamento. Se esse lado de sua humanidade não for suprido, a natureza vai encontrar um meio de satisfazê-lo. O relacionamento duradouro é um dos relacionamentos mais importantes da vida. Não o arrisque por ignorar suas identidades sexuais. Quando vocês perdem a conexão física, uma ligação importante fica seriamente enfraquecida. Transar não é só desejo e relação sexual. É uma forma de ligação. É a cola que mantém a ligação.

Você se lembra de Irma e Guy, no primeiro capítulo, com o "fim de semana de sexo"? Apesar de serem felizes no casamento, eles perderam a química e não sabiam como recuperá-la. Acabaram por ver filmes antigos e comer pizza na cama durante todo o fim de semana juntos, como velhas amigas. Muito divertido, com certeza, mas não muito sexy. Quando os casais começam a se tratar por "docinho" ou "querida" e não procuram adotar uma linguagem sexualmente explícita, as chances de transar ficam reduzidas a zero. Se eles não recuperarem seus eus sexuais naturais, é só uma questão de tempo até um dos dois se ver em uma situação semelhante à de Brian e Megan.

O poder das palavras

É surpreendente o poder das palavras e sua capacidade de jogar com o subconsciente. As palavras podem tornar a mulher mais seca que um deserto, mas também podem torná-la mais úmida que as corredeiras do rio Colorado. Como despertamos esses leões adormecidos dentro de nós? Muitos casais conseguem retornar ao início do relacionamento e recuperar hábitos daquele tempo: tomar banho juntos, fazer massagem no parceiro ou ligar no meio do dia para dizer alguma coisa sugestiva.

Tudo isso precisa ser feito de forma genuína. Não seja burocrática. Tentar dizer obscenidades quando está na garagem, em cima do capô do carro e transando sem a menor vontade só vai fazer você se sentir idiota! Apesar do que dizem os "especialistas", fazer sexo sem vontade não vai aumentar seu desejo de transar. Na verdade, acontece o contrário. O sentimento de *ser obrigada* a fazer sexo definitivamente faz dessa atividade mais uma tarefa banal na sua rotina, alguma coisa comparável a levar o lixo para fora ou lavar a louça. Você só vai querer que aquilo acabe, e de forma alguma vai apreciar a experiência. Portanto, se não está a fim, não tente. O sexo precisa ser percebido como certo e natural, e não como alguma coisa idiota ou ridícula. É totalmente sem sentido tentar fingir nessas circunstâncias.

Mas o que fazer se já se passaram tantos anos que você nem lembra o que era estimulante no passado? Ou ainda, se o que funcionava no começo do relacionamento não funciona mais porque já faz muito tempo? Agora vocês são pessoas diferentes e o que é excitante aos 25 anos pode não ser mais aos 45. O que fazer nesse caso?

Devemos começar pela comunicação não verbal, que discutimos no capítulo anterior. Ela cria o clima e, a partir daí, o resultado natural será usar uma linguagem obscena ou sugestiva. Os dois precisam deixar esses sentimentos fluírem novamente. Veja o sexo como uma fuga para uma época passada e despreocupada de sua vida — não como uma obrigação, mas como algo que possibilita escapar às obrigações. No começo, você não pensava sobre as tarefas do dia a dia quando se encontrava com seu amante, pensava? Ver um ao outro e ficar juntos era uma fuga da vida diária. Quando a sua vida sexual com o parceiro é um bem-vindo recreio das realidades diárias, o relacionamento permanece forte. E, quando a conexão entre vocês é passional e segura, aqueles encontros externos perdem o poder de prejudicar essa ligação. O filme *De olhos bem fechados*, de Stanley Kubrick, trata exatamente dessa questão.

Em uma cena do filme, Alice, personagem de Nicole Kidman, revela a Bill, personagem de Tom Cruise, como sentiu tesão por um marinheiro que viu por alguns instantes quando o casal estava tirando férias em família. Ela conta que, se o marinheiro tivesse se aproximado, ela teria arriscado tudo o que amava na vida com Bill (o casamento, a filha, a casa) para ter relações sexuais com aquele estranho. Esse encontro aparentemente rápido foi extremamente poderoso para ela. Naquela altura, era evidente que ela aspirava a uma fantasia, porque ela e o marido já não compartilhavam fantasias e a vida deles tinha se tornado um tanto rotineira. Alice provavelmente não teria sentido um impulso tão forte na direção da infidelidade se ela e o marido ainda tivessem um relacionamento sexual gratificante. Lembra-se de que no início do filme ela urina e se enxuga na frente dele? Bill e Alice caíram na mesma rotina da maioria dos casais: fazer de tudo na frente um do outro, se chamar de "docinho", não usar uma linguagem erótica com o parceiro, não receber muitos estímulos e, definitivamente, não fazer sexo o bastante. A cola do relacionamento ficou velha e ressequida. Quando Alice confessou seu segredo, o sentimento de segurança e confiança na mulher foi completamente destruído dentro de Bill. Chocado e confuso pelo que a mulher admitiu, ele saiu pela noite pensando se deveria ser infiel a ela. No entanto, isso não aconteceu por força das circunstâncias. Mas e se as coisas tivessem sido diferentes? Ele provavelmente teria cometido uma traição apenas por vingança e talvez até mais de uma vez. Mais tarde, todas as verdades dos dois vêm à tona. Eles analisam seriamente a experiência de Bill naquela noite e os sonhos e fantasias sexuais de Alice, renovando a comunicação entre eles. E é importante observar as últimas falas do filme:

Alice: Eu te amo e você sabe que precisamos fazer uma coisa muito importante imediatamente.
Bill: O quê?
Alice: Foder.

Alice percebeu a importância de uma foda passional no relacionamento e a necessidade de renovar aquela ligação. Muitas e muitas vezes. A cola pode ficar seca. Precisamos manter uma forte união, acrescentando constantemente mais cola em nossos relacionamentos.

Falar obscenidades e ser ousado tem muitos aspectos: pode ser o uso de linguagem francamente pornográfica; o uso de linguagem um tanto sugestiva; fantasias compartilhadas; um olhar, um contato físico ou um gesto; ou, ainda, uma linguagem secreta entre você e seu parceiro. O importante é que essas coisas ajudem a reacender o lado sexual dos dois, que nunca deveria ter sido perdido. Foder é importante; é algo profundo; é divertido. Foder é tudo isso e, em seu relacionamento, a foda e o sexo como um todo são absolutamente necessários.

SER OBSCENO

1 Use com seu parceiro palavras que façam você se sentir sexy e até mesmo um pouco obscena. Diga o que você tiver vontade de dizer e divirta-se!

2 Seja criativa e não tenha medo de imprevistos. De vez em quando, apele para um *audible*. Não deixe a rotina dominar sua vida sexual.

3 Recupere o contato com seus instintos primitivos e aceite seu lado animal. É um aspecto importante de sua humanidade, portanto, não negue esse lado.

4 Crie o clima com uma comunicação não verbal e deixe que as palavras e os sentimentos surjam naturalmente. Se você não puder sentir algo, não fale e não faça aquilo. Lembre-se de que o sexo é uma fuga da vida diária; não é mais uma tarefa a cumprir.

5 Aprecie o amor e o desejo mútuo que vocês sentem. O sexo é a cola que mantém vocês juntos.

Capítulo Seis

Discuta mais

*[Nós] ainda sentimos atração mútua, somos loucos um pelo outro...
não houve um momento em que eu sentisse tédio.*
MARIA SHRIVER, SOBRE SEU CASAMENTO COM ARNOLD
SCHWARZENEGGER (*VANITY FAIR*, NOVEMBRO DE 2004)

*Precisamos manter o nível alto durante as brigas e baixo durante
o sexo.*
KEVIN BACON (NA PREMIAÇÃO DO SCREEN ACTORS GUILD,
JANEIRO DE 2009)

BRIGAR FAZ BEM AO RELACIONAMENTO. Isso pode
parecer absurdo, mas é verdade. Quando dois indivíduos se
unem em uma relação sexual, ocorre um choque de vontades.
Isso é bom e necessário. O atrito criado entre dois seres individuais que vivem juntos promove um *frisson* que cria o desejo no relacionamento. E o desejo promove o sexo de alta
qualidade. Não é preciso ter diferenças de opinião em questões
como política, como acontece com Maria Shriver e Arnold

Schwarzenegger, mas é preciso que cada um tenha opinião própria e permaneça fiel a ela.

Quando dizemos discutir, não estamos pensando em questões sérias como o orçamento doméstico ou o cuidado com as crianças. Estamos falando de discussões *bem-humoradas*. Sim, está na hora de ser atrevida! Talvez você nunca tenha tentado isso, portanto comece com cuidado. Por exemplo: não faça piadas sobre o peso ou o emprego do seu marido, mas experimente brincadeiras sobre coisas como o gosto musical dele ou aquela camiseta com inscrições idiotas que ele gosta de usar. Mas lembre-se: é preciso falar francamente sobre o que cada um considera justo quando estiverem fazendo piadas ou discutindo. Portanto, estabeleçam algumas regras. Se alguma palavra sua fizer com que ele se sinta inferiorizado, esse é um limite que não deve ser ultrapassado. Da mesma forma, se seu parceiro disser alguma coisa que fira seus sentimentos, precisa avisá-lo. Não se esqueçam de falar sobre sentimentos — esse é o segredo de discutir bem. Apenas lembre-se de que, se vocês estiverem discutindo ou só brincando, é muito importante não perder o respeito e não insultar o outro. Não há nada pior do que um casal que se ofende, seja em público, com amigos e parentes, seja em particular. (Você se lembra da "pepeca morta" do Capítulo 1?) É assim que os sentimentos são feridos e os ressentimentos são formados. Portanto, tratem-se com carinho e respeito — mesmo brigando. Como disse Kevin Bacon: "É preciso manter o nível alto durante as brigas."

Defenda sua posição

Com frequência as mulheres são mantidas na posição de negociadoras ou mediadoras da família. Nós provavelmente aprendemos isso desde pequenas, vendo o exemplo das nossas mães. No entanto, quem só faz concessões no relacionamento geralmente acaba por comprometer as opiniões próprias e, como resultado, compromete sua personalidade. Não devemos deixar que nossas opiniões sejam sufocadas no relacionamento. Precisamos ser firmes em nossas posições e nas diferenças de opinião e brigar por nosso espaço. Haverá momentos em que vocês talvez fiquem exasperados um com o outro, mas com certeza isso vai manter os dois fascinados e instigados. Nossos parceiros podem nos irritar e deixar furiosas, mas nós os desejamos ainda mais porque queremos domar-lhes o espírito! E essa é a ironia da situação: apesar de cada um se dedicar a domar o espírito do outro, nossos espíritos nunca devem ser domados porque, quando conseguimos alcançar o que pensamos ser nosso desejo, ou seja, quando conquistamos o parceiro, já não ficamos mais tão interessadas nele. Sem o atrito e a frustração que ocorrem quando ele pensa diferente de você, é menos provável que aconteça o *frisson* tão necessário. Todo mundo já conheceu casais em que um cônjuge parece ser a cópia do outro. A maioria das pessoas considera isso uma coisa boa, mas nem sempre é assim. Se um casal concorda em tudo, tem os mesmos gostos e a mesma personalidade, como pode haver excitação? Nessas situações, é provável que o casal se dê bem e durma abraçadinho, mas... sexo selvagem? Nós duvidamos.

Jenny e Ben são um perfeito exemplo de quando um parceiro domina o outro e perde o interesse. Casados há cinco anos, os dois têm muita coisa em comum. Ambos são do Meio-Oeste norte-americano e foram para Los Angeles fazer carreira na música. Quem os conhecia achava que eles eram o casal mais perfeito do mundo. Eles se vestiam da mesma maneira (geralmente em couro preto) e estavam de acordo em absolutamente tudo. Os dois eram conservadores na política e amavam música popular dos anos 1980, restaurantes chineses, roupas de rock e filmes antigos em preto e branco. Eles eram um casal muito diferente: eram tão felizes por terem se encontrado que passavam juntos todo o tempo livre. No entanto, o que aconteceu depois de alguns anos? Ben teve um caso — ironicamente — com uma mulher que discordava dele em questões de política e detestava filmes antigos! Ele explica:

É claro que a culpa da traição foi mais minha do que de Jenny, mas depois de um tempo eu estava entediado demais porque ela concordava com tudo que eu dizia e adorava todas as minhas opiniões. No começo do relacionamento, nós tínhamos muita coisa em comum, mas não pensávamos da mesma maneira sobre questões como política e filmes. Quando nos conhecemos, ela não era tão conservadora quanto eu em certas questões, mas com o tempo começou a concordar com todas as minhas opiniões. Além disso, ela gostava de comédias modernas e não era fã de filmes antigos como eu; eu costumava zoá-la por isso. Não conseguia acreditar que ela gostasse de ver Meg Ryan, em vez de Carole Lombard! Tenho que admitir que eu era meio ogro. Fazia questão de que ela concordasse comigo em tudo e ela acabou por fazer isso. Infelizmente, foi aí que nossa vida sexual entrou em declínio. Quando penso no passado, sinto falta de vê-la rir enquanto via aquelas comédias idiotas da Meg Ryan.

Como podemos concluir com base no fim do relacionamento de Jenny e Ben, quando os casais concordam em absolutamente tudo, acabam entediados. Quando sente que a mulher é um ser complicado que ele jamais vai entender ou conquistar completamente, o homem fica um tanto inseguro e continua interessado. Lembre-se de que ele escolheu você porque era diferente dele, com opiniões e preferências diferentes. Os homens por natureza são agressivos e conquistadores, mas, depois de conquistarem seu espírito, eles ficam entediados e podem partir para outra conquista. Seu espírito é algo que nunca deveria ser conquistado, seja pelo marido, seja por qualquer outra pessoa. Seu marido não tem que ser capaz de prever sua opinião sobre todas as questões. Isso causa tédio — e o tédio leva a pouco (ou até mesmo a nenhum) sexo.

Zoação

Nada mantém tanto as chamas do interesse sexual quanto uma boa discussão bem-humorada. É preciso esse tipo de zoação para manter a vida sexual ativa. Se você não costuma fazer isso, experimente começar agora. Para se inspirar, comece por ver as antigas séries de TV *I love Lucy* ou *A ceia dos acusados*, com William Powell e Myrna Loy, ou ainda qualquer filme com Spencer Tracy e Katharine Hepburn e até mesmo episódios da série *Cheers*. Nos primeiros episódios desta última, estrelada por Ted Danson e Shelley Long, os personagens Sam e Diane muitas vezes mantinham discussões acaloradas durante seu turbulento relacionamento. Em um episódio específico, eles dão uma demonstração clássica da tensão sexual que geralmente ocorre quando um casal discute. Depois de uma troca de farpas intensa, chega-se ao ponto alto do roteiro, com o seguinte diálogo:

Diane: Você me dá no saco. Eu te odeio.

Sam: Você está tão excitada quanto eu?

Diane: Muito mais!

A discussão termina com um longo beijo apaixonado.

Se vocês aprenderem a discutir de forma bem-humorada, isso vai manter a tensão sexual viva até vocês estarem na faixa dos oitenta anos, muito mais do que se mantiverem o corpo perfeito e por menos dinheiro do que gastariam em roupas caras. Essa não é uma excelente informação? Toda aquela ginástica na academia e todo o dinheiro gasto em roupas caras não vão dar o mesmo resultado que pode ser conseguido com uma simples habilidade verbal na vida diária. Uma discussão bem-humorada geralmente acaba em um flerte bem-humorado, e esse leva a um excelente sexo.

A zoação mostra a seu parceiro que você gosta de um desafio verbal e mental... e os caras adoram um desafio! O sexo começa na mente e, quando você mostra ao parceiro que tem um ponto de vista provocante, o interesse dele se acende e as chamas da sensualidade começam a queimar mais alto em vocês. No entanto, é preciso lembrar que você sempre deve discutir ou zoar seu parceiro com um sorriso no rosto, portanto controle-se. Se não estiver sorrindo, não estará levando uma discussão bem-humorada.

Precisamos considerar essa prática como mais uma maneira de reafirmar a identidade, tanto a dele quanto a sua. Isso mostra sua personalidade, a força de suas opiniões e seu caráter divertido e exuberante. Sejamos francas, foi isso o que despertou o interesse dele por você no início de tudo! Se continuar a mostrar que é diferente dele, inadvertidamente continuará a manter esse interesse. Essa é uma maneira mais natural de manter a excitação no casamento do que outras formas mais óbvias de flerte, que quase sempre mostram que você está se esforçando demais para agradá-lo e atraí-lo. A atração e o desejo não devem envolver esforço. Seja você mesma e seu parceiro vai procurá-la. Da mesma forma, se ele também agir assim, isso vai manter *você* interessada.

Você me cansa... mas eu gosto de você!

Você se lembra de quando estava na escola e o garoto de quem gostava provavelmente era também aquele que a irritava? Não é tão diferente na vida adulta. Às vezes os adultos podem cometer o erro de pensar que uma concordância total em todas as questões cria uma compatibilidade maior. Nós reconhecemos que pode ser difícil manter o próprio ponto de vista em um relacionamento porque somos naturalmente influenciados pelo parceiro e às vezes adaptamos nossa visão em função da dele e vice-versa. Isso é natural em alguns aspectos das nossas vidas, mas é preciso não exagerar. Quando os dois pensam exatamente da mesma forma, isso pode ser fatal para o sexo e para o relacionamento.

Jared e Sally, ambos na casa dos cinquenta anos, estão juntos há três anos, mas moram em casas separadas. Os dois são corretores de imóveis e trabalham no mesmo escritório, onde se conheceram. Sally reconhece que quando conheceu Jared, não gostou do jeito dele:

Jared veio trabalhar no escritório mais ou menos um ano depois de mim. Ele era muito espaçoso e impunha sua presença sempre que estava lá. Eu até reclamei com meu gerente da atitude dele. O engraçado é que, embora ele me aborrecesse, alguma coisa em seu comportamento extremamente seguro de si também me atraía sexualmente.

Profissionalmente, temos muita coisa em comum, o que é ótimo de compartilhar, mas em diversas áreas somos muito diferentes. Ele detesta o tipo de restaurante que eu gosto e também odeia meu gosto musical e está sempre tentando me influenciar de uma maneira ou de outra, sem sucesso. Acho que essa é uma das grandes vantagens de ter mais idade — você sabe quem é, conhece suas crenças e preferências e geralmente continua fiel a elas, o que pode ser irritante para o parceiro.

Jared explica o que pensa sobre as discussões e a vida sexual:

Meu primeiro casamento durou 15 anos e minha mulher sempre achava o máximo tudo o que eu dizia ou decidia, como onde íamos jantar ou que filme íamos ver. Na época, eu era produtor musical e ela adorava meu gosto em matéria de música, e todos os meus amigos também eram amigos dela. Depois de um tempo, nós já não transávamos mais e acho que era porque nunca tínhamos um conflito bem-humorado — nada que pudesse acender a tensão sexual. Naquela época, eu era bastante autoritário. Por exemplo: quando nos conhecemos, eu disse a ela que achava seu gosto musical horrível. Depois de um tempo ela finalmente concordou comigo e começou a apreciar o que eu estivesse escutando. Com Sally, a coisa é bem diferente. Às vezes não consigo acreditar nas preferências dela! Quando nos conhecemos ela me disse: "Ora, todo mundo sabe que os Sex Pistols são a melhor banda de rock de todos os tempos e, se você não acha isso, então não entende nada de música." Ela disse isso a *mim*, que fui músico e produtor musical. E ela acredita nisso! Ela acha que eles eram melhores do que os Beatles! Tudo nela, desde os gostos gastronômicos até as preferências em termos de música e filmes, eu nunca vou entender. Ela fica firme e me diz que estou errado, o que me irrita profundamente. Mas, quando discutimos, as discussões são muito bem-humoradas e acho que é por isso que temos um relacionamento tão bom. Ela é decidida, com certeza, e mesmo que eu não consiga concordar com algumas de suas opiniões, sempre é divertido escutá-la! Eu ainda sou louco por ela.

Mesmo no início de um contato, é extremamente importante defender as próprias opiniões e não ter medo de se manifestar, não só para atrair um companheiro como para mostrar ao mundo a sua personalidade. Às vezes isso pode ser difícil porque realmente queremos que o homem goste de nós, principalmente se acabamos de conhecê-lo. Muitas mulheres têm dificuldade para expressar uma opinião diferente por medo da rejeição. No entanto, muitas vezes acontece o oposto: os homens geralmente ficam instigados quando conhecem uma mulher que tem alguma coisa provocante e interessante a dizer.

Julie, uma garota solteira de 23 anos que vive em Manhattan, comenta essa questão:

M uitas vezes, quando saía com minhas amigas, acabávamos por azarar homens nos bares. Eles parecem se interessar por mim, não porque eu seja a mais bonita no grupo, mas porque desafio a opinião deles em alguma questão.

Recentemente, duas amigas e eu estávamos no centro da cidade, no bar de um hotel muito chique, depois de um dia inteiro em uma convenção da Microsoft. E lá estavam homens e mulheres do mundo todo que tinham ido ouvir a palestra de Bill Gates e discutir o novo *software* da empresa. Depois da palestra, fomos para o bar do hotel relaxar e tomar uns drinques. Logo, um jovem dinamarquês muito interessante foi até nossa mesa e a conversa passou a comparar europeus e norte-americanos e (nossa suposta ignorância em matéria de geografia). Eu lembro que ele disse alguma coisa como: "A maioria dos norte-americanos nem sabe onde fica a Dinamarca ou que ela faz parte da Europa." Minhas duas amigas imediatamente concordaram com ele, afirmando que "nós, norte-americanos, não sabemos onde ficam os outros países... nós podemos ser muito provincianos". Diante disso, meti a colher e disse com um sorriso: "É, talvez isso aconteça porque ninguém precisa saber onde fica a Dinamarca!" Minhas amigas me olharam como se eu fosse a criatura mais mal-educada do planeta e não conseguiam entender como eu podia insultar um cara tão bonito. Então fui para o bar e comecei a conversar com alguns colegas. Adivinha o que aconteceu? Logo depois, o dinamarquês veio para o bar, disse que adoraria conhecer Nova York comigo e perguntou se eu tinha algum compromisso para o dia seguinte!

O que podemos concluir daí? Que você sempre deve ter sua opinião e usá-la para azarar um pouco. Ser vaidosa e decidida é uma coisa boa! No entanto, discutir um pouco não significa tornar-se uma bruxa briguenta. Isso mata o sexo, com certeza! Queremos dizer que você precisa defender suas opiniões, mas tem que expressá-las sempre que possível de uma maneira bem-humorada e sedutora. Isso não é fácil. Conforme já dissemos, fomos criadas para acatar as opiniões do parceiro. Nós, mulheres, recebemos o encargo de fazer com que o relacionamento funcione. Contudo, com isso a vida doméstica fica muito tediosa e a vida sexual também perde a graça.

Dominic e Carrie se conheceram por meio de uma página de encontros da internet e já vivem juntos no Colorado há sete anos. Dominic, de 39 anos, é engenheiro civil e Carrie, de 42, é professora. Ele conta:

A Carrie tem uns negócios que me deixam louco! Não entendo por que ela não concorda comigo e com coisas que me parecem óbvias. As opiniões dela quase sempre são tão extremadas! Ela adora ou detesta algo, nunca busca o meio-termo. É tão obstinada que às vezes me cansa, mas também me deixa excitado! Acho que admiro sua natureza passional, mesmo que nem sempre concorde com ela. Sei que pode parecer estranho sentir isso, mas conversei com outros amigos meus e eles pensam da mesma forma. Quer dizer, quem quer viver com um burrinho de presépio que concorda com tudo o que a gente diz?

Não o coloque em um pedestal

No extremo oposto, temos o homem casado que nossa amiga Cynthia conheceu em um bar. Cynthia é uma mulher muito bonita de 52 anos que trabalha como produtora de elenco em Hollywood. Ela está sozinha há cinco anos, desde a morte do marido, que era produtor de cinema. Recentemente, Cynthia estava no bar de um restaurante muito sofisticado de Los Angeles, esperando por uma amiga, e acabou por conversar sobre relacionamentos com um executivo de cinema muito atraente, de quarenta e poucos anos. O executivo afirmou que a mulher dele era perfeita porque o amava incondicionalmente e o adorava sem restrições. Ele explicou: "Eu não sei se você sabe o que é ser absolutamente admirado e adorado por alguém. Não acho que eu possa viver sem isso. Ela realmente me ama e só quer a minha felicidade".

A mulher dele estava em casa cuidando do filho recém-nascido. Portanto, Cynthia perguntou por que ele estava cantando uma mulher em um bar quando tinha um relacionamento tão perfeito. Ele respondeu que, embora não pudesse abrir mão da esposa, não tinha por ela o mesmo interesse sexual do passado. Ele explicou que a atitude de adoração da esposa e sua concordância constante com ele tinham um efeito danoso sobre a vida sexual do casal: "Ela me adora a tal ponto que praticamente depende de cada palavra que eu digo... toda a vida dela gira em torno de mim. Eu sou tudo para ela. Ela sempre concorda comigo, e imagino que seja por isso que estou um pouco cansado dela. É quase impossível sentir algum desejo de ter relações com ela, embora eu ainda a ame."

Depois dessa revelação, ele sugeriu que Cynthia passasse uns dias com ele tomando champanhe em uma suíte do Beverly

Hills Hotel. Nossa amiga sorriu e declinou: "Agradeço, mas acho que você realmente devia ir para casa e contar à sua mulher o que acabou de me dizer. Estou certa de que ela tem uma personalidade forte, você só precisa ajudá-la a mostrar essa faceta." O executivo ficou desapontado, mas deu um beijo na bochecha de Cynthia, pegou o martini, pediu licença educadamente e foi procurar outra mulher mais interessada do que Cynthia em uma noite com champanhe e serviço de quarto.

Aprenda a dançar

A química de um casal é como uma dança, em constante movimento e mudança. Os passos básicos, porém, são sempre os mesmos. Às vezes você conduz, às vezes é seu parceiro quem o faz. No entanto, quando um dos dançarinos só acompanha e não cria passos próprios, o que acontece? Uma dança muito chata — e pelo menos um parceiro de dança muito entediado.

Quase sempre os homens querem conduzir a discussão e dominá-la, seja com a parceira, seja com um grupo de pessoas. Eles provavelmente aprenderam a agir dessa forma com os pais, assim como nós aprendemos com nossas mães a ter o comportamento inverso (ser dóceis). Você já percebeu que em geral em uma festa os homens se reúnem em um canto para conversar e as mulheres fazem o mesmo? Isso acontece porque as mulheres querem falar de culinária e filhos e os homens querem falar de esportes? Sim, às vezes. No entanto, muitas vezes isso acontece porque os homens aprenderam com os pais a arte de discutir e muitas mulheres não aprenderam a dominar essa arte. Eles gostam de conversar com outros homens, que podem contestar suas opiniões sobre política, arte, religião e outros temas, dando-lhes, por assim dizer, o "retorno desejado". Precisamos aprender com os homens alguma coisa nesse sentido. Precisamos aprender a ser menos dóceis e mais desafiadoras no dia a dia, embora de uma forma divertida e educada. Ganhamos muito espaço com os movimentos de liberação feminina. Vamos aproveitar algumas dessas vantagens: ter consciência política e social, ter nossas próprias opiniões e, sim, vamos defender nossos pontos de vista e expor nossas posições! Essa é só mais uma área em que podemos mostrar nossa individualidade e manter o relacionamento saudável e interessante.

Quando pensamos em mulheres como Lucille Ball e Katharine Hepburn, pensamos em dois temperamentos femininos fortes, que encaravam seus homens com determinação e sagacidade. Procure injetar um pouco dessa atitude no relacionamento com seu marido, como nossa amiga Susan aprendeu no segundo casamento. Ela e o marido, Tim, estão juntos há dez anos e ainda têm uma excelente vida sexual. Esse é o segundo casamento dos dois, e eles discutem com um bom humor que Susan confirma ter faltado no primeiro casamento:

No meu primeiro casamento, eu era muito mais séria e menos sociável. Sei que provavelmente aprendi essa atitude com minha mãe. Meu pai era um homem muito dominador e não admitia que alguém tivesse uma opinião diferente da dele. Ele achava que estava certo em tudo — fosse política ou a melhor maneira de abrir uma lata de atum. Não podíamos discutir com ele. Em casa, minha mãe nunca pôde se expressar, e eu também não.

Portanto, quando me casei, aos 22 anos, ainda não tinha formado uma personalidade própria. Consequentemente, me limitei a adotar a maior parte das opiniões e características do meu marido. Todos os amigos dele eram meus amigos e todas as minhas opiniões eram iguais às dele. Lembro-me de que saíamos para jantar toda sexta-feira e eu dizia: "Vamos aonde você quiser." Mesmo quando meu marido implorava que eu escolhesse um restaurante, eu respondia: "Não tenho preferência, querido, vamos aonde você preferir." Eu era uma mulher do tipo "sim, querido", ou "como quiser, querido". Em retrospecto, não é de admirar que ele tenha ficado de saco cheio de mim e tenha ido viver com uma garota com quem teve um caso. Acho que no início ele me achava muito bonita e doce, mas isso só dura até o momento em que você começa a querer alguma coisa mais profunda e mais desafiante.

Depois de seu primeiro casamento ter fracassado, Susan fez terapia durante cinco anos e finalmente descobriu seu verdadeiro eu, que nunca tinha se manifestado. Ela namorou homens diferentes e conviveu com pessoas de tipos distintos, homens e mulheres, e gradualmente descobriu que tinha algumas opiniões muito seguras, afinal. Por exemplo: Susan percebeu que abominava a crueldade contra os animais, portanto começou a fazer trabalho voluntário em um abrigo para animais. Foi lá que ela conheceu Tim, o veterinário do abrigo, e se apaixonou por ele. Tim relembra:

Quando Susan me disse que no primeiro casamento foi uma esposa do tipo "como quiser, querido", não consegui acreditar! O que me levou a me interessar por ela de cara foi o fato de que tinha opiniões bem definidas sobre tudo: desde animais até onde passar férias e que tipo de comida escolher. Além disso, tinha um senso de humor maravilhoso. Uma das minhas primeiras lembranças dela é de quando riu de mim porque naquele tempo eu gostava de usar mocassins brancos. Em vez de me chamar pelo nome, ela me chamava de Pat por causa do Pat Boone — o cantor dos anos 1960 que sempre usava sapatos brancos. No início pensei *Que falta de educação!*, mas depois comecei a ficar interessado. Ela é ousada e divertida, e eu gosto disso.

Susan completa:

Nós estamos sempre zoando um ao outro, o que nunca fiz no meu primeiro casamento porque acho que naquela época estava imitando minha mãe. Tim e eu estamos sempre discordando com relação a uma variedade de assuntos, mas não levamos isso a sério porque é claro que temos em comum o suficiente para fazer o relacionamento dar certo. No entanto, acho que a chave para isso é o fato de termos muitas diferenças; é por isso que a coisa funciona. Eu me lembro de que uma vez ele me disse que sempre quis transar comigo porque está sempre "um pouco agitado por minha causa", por alguma razão. É estranho, eu sei, mas funciona.

Assim como Susan fazia no primeiro casamento, muitas mulheres adotam as atividades diárias dos maridos — por exemplo: ver os comentários sobre futebol na televisão ou a série policial favorita dele. Precisamos perguntar a nós mesmas: realmente queremos passar nosso tempo livre vendo comentários de esportes e/ou os programas favoritos dele na TV? Lembre-se de que seu tempo é sua vida: veja bem como vai gastá-lo. Os anos que dedica a atividades que não escolheria se vivesse sozinha podem se passar sem que você sequer perceba. Ao fazer isso, está abrindo mão da autonomia e da diferença entre você e ele. Se não defender seus próprios interesses e preferências, passará a ser um apêndice de seu parceiro. Você também vai criar muito ressentimento. Mesmo que ache que ele ficará feliz se você concordar com todas as exigências dele, com o tempo verá que isso é ruim para os dois. Ele vai deixar de valorizar o relacionamento e deixar de valorizar você. E os dois vão ficar entediados. Brigue pelo que gosta e pelo que não gosta! Seja imprevisível. Mantenha-o inseguro.

Ele não era o carro envenenado que ela estava procurando

Jessica e Judd viveram juntos durante seis anos. Eles se conheceram na festa de Natal de uma companhia de seguros e se entenderam imediatamente. Ela gostava de conversar com ele, que parecia ser uma pessoa sem inibições, semelhante a ela. Com certeza, não era o tipo de burocrata comum, como todos os outros homens ao redor de Jessica. Uma das paixões dele para os fins de semana eram os carros antigos, e no início ela ficou muito impressionada pelo fato de ele ter um Corvette 1958 conversível em excelente estado. Jessica explica:

Eu adorava passear no carro dele todo fim de semana, com os cabelos ao vento. Era tão divertido, e devo admitir que amava a atenção que atraíamos. Todo mundo olhava para nós e sorria. Sei que isso é um clichê, mas é muito legal ter um namorado cujo carro é diferente. Todos os outros caras do escritório tinham carros muito sem graça, mas o de Judd era diferente, e acho que essa foi uma das razões que me levaram a gostar dele no início. Infelizmente, ele gostava de passar quase todo fim de semana em feiras de carros antigos ou naquelas lojas de equipamentos especializados para automóveis. No início, quando pedia que eu fosse a esses lugares com ele, eu não me importava, porque o relacionamento era novo e aquilo tudo também era diferente para mim.

No entanto, depois de alguns meses ele mergulhou cada vez mais naquele universo e eu comecei a detestar aquilo. Ele sempre queria que eu me vestisse bem durante as feiras para que todos os caras pudessem me ver de pé ao lado do carro. Eu me sentia como mais um acessório, e não gostava daquilo. Quando sugeri que preferia não ir, ele começou a choramingar e fazer beicinho, e me convenceu manipulando meu sentimento de culpa. Aquilo virou uma obrigação tão chata que realmente comecei a ter ressentimento. Eu trabalho a semana toda em uma atividade cansativa e monótona como perita de sinistros e comecei a detestar ter meu fim de semana totalmente preenchido por coisas relacionadas com aquela porcaria de carro!

Quando finalmente nos separamos, percebi quanto ressentimento tinha acumulado e como aquilo acabou com nosso relacionamento. Quando penso no assunto, vejo que deveria ter defendido minha posição. Mas acho que não queria discutir com ele, portanto apenas cedi e entreguei os pontos. Agora sei que, se tivesse brigado mais por minha posição, talvez tivesse preservado nosso relacionamento. No futuro, não vou ter tanto medo de brigar pelo que quero fazer com o meu tempo. Quer dizer, todo mundo tem que ceder um pouco, mas a complacência tem limite.

A ironia desse caso é que Jessica e Judd mostram que, embora muita gente ache que aceitar os desejos do parceiro para agradá-lo vai ajudar o relacionamento, a verdade é que acontece o inverso. Os casais precisam de atrito e discussões para sobreviver, por mais estranho que isso pareça. Discutir significa ser honesta com você mesma e com o companheiro. E todo mundo conhece o ditado: a honestidade é a melhor política.

Portanto, discutir mais não significa tornar-se uma pessoa pedante e obstinada, brigando pelo simples prazer de brigar. Significa ser inteligente, bem-humorada, manter o foco, sem medo de defender uma opinião diferente. Seu ponto de vista é importante, assim como sua disposição para ser honesta e franca com o parceiro. Só porque você dá atenção a ele e leva em consideração as ideias, preferências e opiniões dele, não é preciso esquecer suas próprias ideias, preferências e opiniões. Um bom relacionamento é aquele em que os dois dizem francamente o que pensam, sem medo. Lembre-se: ele a escolheu porque você era diferente dele, o desafiava e interessava. Não perca isso de vista.

O FLERTE E A BRIGA

1 Não deixe sua personalidade ser diluída porque está em um relacionamento. Mantenha-a forte e exuberante.

2 Sempre discuta com um sorriso e uma piscadela. Mantenha a discussão divertida e bem-humorada, sem apelar para golpes baixos.

3 Se você se surpreender dizendo "Como quiser, querido" com muita frequência, pare imediatamente e diga o que pensa!

4 De vez em quando, reavalie suas preferências e opiniões. Elas são realmente suas? Ou são dele?

5 Não tenha medo de irritá-lo um pouco. Isso na verdade pode deixá-lo excitado!

Capítulo Sete

Sejam diferentes para ficarem juntos

*Marido e mulher devem ter interesses diferentes, amigos diferentes
e não se imporem um ao outro. [Joanne e eu] somos pessoas
extremamente diferentes e, no entanto, de certa forma
nos nutrimos dessas diferenças que, em vez de nos separarem,
fizeram nossa ligação muito mais forte.*
PAUL NEWMAN, SOBRE SEU CASAMENTO COM JOANNE
WOODWARD (*PAUL NEWMAN*, DE CHARLES HAMBLETT)

*Em qualquer relacionamento, depois do primeiro ano
não há como não querer ter um espaço próprio. Morar em casas
diferentes significa que podemos sair de cima um do outro.
Sou muito feliz.*
HELENA BONHAM CARTER (*GUARDIAN*, NOVEMBRO DF 2006)

TEMOS CERTEZA DE QUE, ao ler o título deste capítulo,
algumas pessoas pensaram: *o quê? Eu não quero distanciamento; quero ficar mais perto ainda e ter mais sexo. É por isso que
estou lendo este livro.* Esse certamente é o objetivo do nosso

livro — fazer com que você e seu parceiro transem mais e fortaleçam a ligação entre vocês. No entanto, ao contrário de outros livros, não queremos tratar os sintomas, queremos chegar às causas do problema. E uma das causas do declínio da vida sexual é o fato de que as fronteiras entre as duas pessoas podem ficar nebulosas. O que precisamos entender é que um relacionamento saudável não é aquele em que os dois são tão próximos que se confundem. Não podemos deixar a individualidade desaparecer na areia movediça da relação, levando com ela nossa vida sexual.

Portanto, um pouco de distanciamento é bom. Ele permite a seu parceiro vê-la fora dos papéis de esposa, mãe e amiga — papéis que você exerce o dia todo. Ele pode vê-la não só como uma parte da unidade familiar, mas como uma mulher independente. Por mais assustador que isso pareça para os dois no começo, ter uma parte da vida totalmente separada da vida familiar é algo bom e necessário. No entanto, por separação não queremos necessariamente dizer que é preciso tirar férias separados, viver vidas diferentes ou morar em casas diferentes. Queremos dizer que é muito importante que você tenha uma identidade diferente da de seu parceiro. Seu companheiro não pode nem deve conhecê-la por completo, portanto, nesse caso é necessário algum mistério. Sentimos atração por pessoas que parecem misteriosas, pessoas que não conseguimos controlar ou compreender completamente. Essa é a natureza da sexualidade. Por outro lado, não sentimos atração por alguém excessivamente apegado a nós, alguém que podemos controlar e compreender por completo. Essa também é a natureza da sexualidade.

Isso pode parecer forte demais, mas quando você desempenha os papéis de esposa e mãe, seu marido nem sempre quer fazer sexo com você. Isso não significa que ele não a ame e não a considere atraente. Significa que o papel de esposa e mãe não é *necessariamente* sexy. Respectivamente, os papéis de marido e pai também não são. E podemos apostar que muitos homens não querem transar com a esposa que passou o dia todo aspirando o pó da casa ou com a mãe que preparou um lanche para as crianças levarem para a escola ou que pouco antes de ir para a cama estava trocando fraldas sujas. Mesmo que essa mulher seja a esposa dele. Ele quer transar com uma mulher diferente daquela. Da mesma forma, você também precisa ver seu homem não só como marido e pai, mas como um homem complexo e enigmático. Quando vocês se conheceram, é claro que você não representava um papel. Você era apenas você mesma: independente, divertida, misteriosa e interessante. Tudo o que ainda é. Você precisa estimular o florescimento dessa sua faceta. A única maneira de conseguir isso é ter algum distanciamento do parceiro e permitir que seu eu verdadeiro volte à superfície.

Um dos motivos pelos quais uma pessoa trai é o desejo de transar com alguém que possa enxergar como uma criatura sexual, e não como uma extensão de si mesma. As pessoas que têm relacionamentos em série fazem isso porque querem ter relações sexuais com alguém antes que essa pessoa tenha algum tipo de papel para elas. Contudo, quando a novidade se esvai, os amantes geralmente se enquadram em seus respectivos papéis no relacionamento e o ciclo de traição recomeça. Esse é o motivo pelo qual é tão fútil viver em uma busca constante por um novo parceiro.

Os casais que ficam juntos em um relacionamento duradouro tendem a ser mais felizes e mais realizados que as pessoas que passam de um relacionamento para outro ou de um caso para outro. O relacionamento duradouro é algo constante na vida da pessoa e proporciona a ela uma base sólida, tornando sua vida mais significativa.

No decorrer das nossas relações, precisamos sempre respeitar nossas próprias opiniões e interesses e ter certeza de não abrir mão da nossa identidade em benefício do relacionamento. Como falamos antes, as discussões são um catalisador necessário para o distanciamento. No entanto, agora que decidimos defender nossa opinião (e até brigar por ela), como vamos continuar a sustentá-la? Para isso, precisamos afastar-nos um pouco do parceiro e aprender a nos centrarmos novamente. Distanciar-se e recuperar um pouco da autonomia que você tinha no começo é vital para a duração do relacionamento sexual e da relação como um todo.

Infelizmente, como mulheres tendemos a mergulhar mais do que seria saudável no relacionamento. Dessa forma, podemos perder o sentimento de identidade. Quando duas pessoas se unem e se tornam uma só em todos os aspectos, desde a maneira de pensar até o fato de chamar o parceiro de "docinho", não há uma conexão sexual, porque os dois são parecidos demais! Como é possível criar uma ligação carnal entre duas pessoas que já não são mais dois indivíduos distintos? Como indivíduos, precisamos ter nossos próprios amigos, preferências e estilo. Você já conhece todas as suas preferências e aversões, mas se você e seu parceiro são tão iguais que as preferências e aversões dele são iguais às suas, onde fica o interesse? É claro que vocês podem ter muita coisa em comum, e isso é normal. Mas, quando seu relacionamento é tão insular que vocês se veem construindo muros para afastar as outras pessoas, definitivamente estão próximos demais e não estão trazendo nada de novo à relação. Portanto, tomem cuidado.

E como essa situação pode ser traduzida em tesão na cama? Isso não acontece. Francamente, quanto mais entrelaçados vocês se tornam, mais o sexo se torna parecido com masturbação mútua. E, se transar deixou de ser excitante, para que fazê-lo? O resultado geralmente é pouca ou nenhuma atividade sexual. Como vimos antes, isso pode ser muito prejudicial para o relacionamento.

O sexo se alimenta da excitação entre dois indivíduos e da ebulição resultante da conexão física e emocional com outra pessoa. A maneira como nos comunicamos, como nos conduzimos e nos sentimos a respeito de nós mesmos em nossas vidas, antes de irmos para a cama, determina o desejo que sentimos um pelo outro. Todo mundo conhece casais íntimos demais ou parecidos demais — em nossos próprios relacionamentos e nos relacionamentos dos amigos e familiares. Quantas vezes ouvimos alguém se referir ao parceiro como "minha outra metade" ou "minha cara-metade"? Ao contrário do que acredita a maioria e (lá vamos nós de novo!) a "brigada do docinho", isso não é bom. É tão comum que nenhum de nós sequer pensa sobre a consequência de chamar o parceiro de "minha cara-metade"! Por mais tentador que seja ficar tão íntimo do cônjuge, o que mantém o fogo aceso é a tensão, o atrito e a fascinação de serem dois seres diferentes. O problema é que, quando ignoramos essas diferenças originais, nos tornamos a cara-metade do outro. E isso é simplesmente chato demais para os dois! Quando vocês se relacionam como seres individuais e distintos, em vez de duas metades, o relacionamento fica muito mais excitante.

Para ilustrar melhor por que não é bom que o casal tenha uma integração excessiva, basta se perguntar se não seria chato demais conversar o dia todo consigo mesma; levar o tipo de conversa que você pode ter consigo enquanto espera sua vez na fila do Departamento de trânsito ou na sala de espera do médico. Você sabe, aquele diálogo interno cansativo que só serve para passar o tempo e que preferiríamos ignorar... Você fica de saco cheio só de pensar? É isso mesmo. Mas imagine que você acabou de conhecer alguém de quem realmente gosta e que deseja, e que vocês têm algo completamente novo a dizer; você não prestaria o máximo de atenção? A maneira de falar, as expressões e as palavras que aquela pessoa escolhe são diferentes das suas. Essa pessoa diz coisas que você não costuma ouvir e que podem ser excitantes e instigantes. É normal para um casal que está junto há algum tempo usar expressões similares e pensar de forma parecida. Porém, se isso continuar sem limites, você e seu parceiro vão acabar por falar como se fossem a mesma pessoa. Essa é a verdadeira estrada para o tédio. Em vez disso, se vocês tiverem interesses e amigos diferentes, trarão constantemente para o relacionamento novos pensamentos, ideias e expressões. Isso vai manter a relação interessante e em crescimento e evolução constantes. Assim poderemos ver o outro sempre sob uma nova perspectiva, o que torna o desejo mútuo mais forte.

O que um casal *pode* fazer para recuperar essas diferenças e reacender a chama da paixão? Para começar, cada um deve ter interesses próprios que não sejam os filhos, o parceiro e a vida doméstica. E não estamos falando de começar a bordar! Esse tipo de passatempo e outros similares são coisas que você pode fazer enquanto os dois estão vendo televisão juntos, toda noite. Sim, e isso não é nem um pouco excitante. Estamos falando de fazer coisas em relação às quais você sinta um real entusiasmo. Ter interesses e atividades que possam realmente exercer um efeito sobre você — sobre seu eu mais profundo — e que a afastem de seu ambiente diário. E se não imagina o que pode ser um desses interesses para você, então precisa seriamente passar algum tempo sozinha e descobrir (sem a ajuda do seu parceiro) o que te motiva.

Como escreveu Virginia Woolf com tanta beleza em seu clássico ensaio *Um teto todo seu*, toda mulher precisa de um espaço independente do marido e dos filhos, no qual ela possa explorar seu verdadeiro eu e ser criativa. Um lugar, descreve a autora, onde não haja "a necessidade de ser senão você mesma". Woolf lamenta que, antes de 1929 (quando o ensaio foi escrito), somente mulheres ricas e privilegiadas pudessem se permitir esse luxo simples. No entanto, atualmente a maioria das mulheres tem a sorte de ter uma casa e uma vida que lhes permitem facilmente ter tempo para si mesmas — o que é importante para as mulheres *e também* para os homens. Embora esse ensaio tenha sido escrito há mais de oitenta anos, sua mensagem ainda é verdadeira: para brilhar, descobrir nosso verdadeiro eu e liberar nossa criatividade, precisamos de algum distanciamento e espaço longe dos parceiros.

É verdade que, para começar, os casais se formam porque os parceiros têm coisas em comum. Por exemplo: eles compartilham um gosto por música, arte, gastronomia ou exercícios ao ar livre. Tudo isso é normal e ótimo, porque significa que existem atividades que o casal gostaria de compartilhar. Porém, depois de alguns anos explorando essas coisas, o que acontece? É aí que um pequeno esforço precisa ser feito para trazer novidade ao relacionamento. No entanto, esse esforço não deveria ser percebido como um trabalho árduo. Reservar tempo para explorar sua vida e sua pessoa deveria ser divertido e empolgante!

Quer jantar na frente
da televisão outra vez, mozinho?

Andrea e Carl estão casados há 23 anos. Como os dois filhos já saíram de casa para a universidade, eles estão sozinhos pela primeira vez em muito tempo. Em vez de desfrutarem a privacidade e a liberdade recentes, os dois se sentem perdidos e entediados sem os filhos para mantê-los ocupados. Andrea explica:

Quando nossos dois filhos saíram de casa, isso criou um vazio em nossas vidas. As crianças sempre tinham novidades e amigos novos, que eles conheciam e traziam para casa, portanto, acredito que vivíamos nossas vidas indiretamente, por meio deles, o que talvez não fosse saudável para Carl, para mim e para nosso relacionamento. Eu tinha uma vida social com as outras mães e Carl às vezes assistia a jogos de beisebol com os outros pais e os meninos.

Quando as crianças foram embora, toda a nossa animação se foi. Toda noite nós nos sentamos no sofá e jantamos vendo os mesmos programas de TV, sem conversar e sem olhar um para o outro. Então, depois do jantar eu me deito no sofá e ele se senta na poltrona e nós deixamos a noite passar vendo TV e sem falar muito. Então, um de nós se levanta e vai para a cama (em geral sou a primeira, e Carl vai dormir mais ou menos uma hora depois). A essa altura, eu já estou dormindo. Portanto, praticamente não rola sexo. No entanto, quando os meninos ainda moravam conosco, esperávamos ansiosamente que eles fossem acampar ou dormir na casa de amigos porque sabíamos que poderíamos ter a casa inteira, para transar em qualquer lugar — até mesmo no sofá —, se quiséssemos! Naquele tempo, éramos mais felizes porque a casa estava sempre cheia de risos e atividade. Quando as crianças estavam em casa, sempre tínhamos questões a conversar com eles e entre nós. Os planos dos meninos para aquela estação, o mês ou a semana eram sempre temas de discussão e o centro das nossas vidas. No entanto, agora parece que não temos muito o que discutir e explorar. Nós dois estamos entediados. Posso sentir que estamos cansados um do outro, mas não sei o que fazer para mudar isso. Ultimamente, estou realmente deprimida e acho que Carl também está. Mas nós não falamos sobre isso. Sempre sentimos que nosso relacionamento era bom, mas agora parece uma vergonha admitir que temos problemas.

Tal como David e Nicole (os dois enfermeiros do capítulo anterior, que gostavam de vegetar na frente da televisão), Andrea e Carl incorreram no hábito tão frequente da dependência de televisão. É uma pena, mas muitas pessoas usam a TV como fuga, para evitar confrontar os problemas. Em todo o mundo, os casais têm o costume de olhar passivamente para a TV. Ou então, ficam tão envolvidos com programas de entretenimento ou com a vida dos participantes dos *reality shows* que não reservam tempo para se concentrarem nas próprias vidas, nos relacionamentos que estabeleceram e, naturalmente, em suas vidas sexuais. É muito fácil passar horas assistindo à TV sem examinar os problemas de um relacionamento que não está funcionando. Andrea e Carl são o exemplo perfeito de um casal que não está trazendo nada de novo à relação. Sem pensar, eles usam a televisão como muleta, na busca de uma saída fácil. Quando os filhos saíram de casa, eles perceberam como suas vidas estavam estagnadas, mas tomaram alguma providência? Não. Preferiram enterrar o problema e passar todas as noites vendo televisão. Consequentemente, a vida sexual sofreu, o que por sua vez pôs em risco o casamento como um todo.

A cura para essa espiral descendente é fazer um esforço para fortalecer a vida individual e explorar um pouco mais a existência. Você não iria preferir ter uma vida mais interessante e não precisar ser distraída pelas vidas alheias ou por histórias de ficção na TV? Por que viver seu dia a dia por meio dessas distrações? Torne sua própria vida interessante para não precisar ser distraída por alguém ou alguma coisa externa. Isso significa se abrir para descobrir coisas novas de que você goste, para as quais tenha talento e que possa amar. Essa animação e essa paixão também serão empolgantes para seu parceiro. Em suma, ele começará a desvendar coisas novas e interessantes por seu intermédio. Com isso, terá um interesse renovado em você (e em transar com você).

O ideal é que vocês estejam mudando e evoluindo. Se não estão, então simplesmente não estão vivendo como deveriam — juntos ou separados. Como disse Woody Allen no filme *Noivo neurótico, noiva nervosa*: "Acho que um relacionamento é como um tubarão: precisa se mover constantemente para não morrer." Não deixe que a televisão roube todo o interesse da sua vida. Desligue o aparelho e vá à luta!

Contudo, depois de ter desenvolvido essa nova alegria de viver, ela não poderá ser só sua. Os dois precisam buscar dentro de si o que realmente os motiva, e então devem trazer essa motivação de volta para o relacionamento. Se você acha difícil incorporar essas sugestões em sua relação, comece por pequenos passos. Talvez no passado você tenha feito parte de um grupo de leitura, caminhada ou trabalho voluntário. Ótimo! Volte a essas atividades. Elas a ajudarão a resgatar seu sentimento de identidade e trazer novas experiências para a vida do casal.

A arte da atração

Rick e Mandy viviam juntos durante nove anos e, infelizmente, tal como tantos outros casais, foram dominados pelo tédio. Embora não tivessem filhos, mantinham-se ocupados com o trabalho e uma vida social bastante previsível, como lembra Mandy:

Embora eu tenha um círculo de amigos bastante amplo e saia duas ou três vezes por semana, nós sempre tivemos vida social em dupla. Ir ao cinema, sair para jantar, comparecer a festas... em tudo isso, éramos inseparáveis. Naturalmente, nos primeiros anos gostávamos de estar sempre juntos e ser uma espécie de equipe. Passávamos tanto tempo juntos que chegamos ao ponto em que eu já não via Rick como amante, e sim mais como um amigo ou irmão. Éramos tão unidos que o sexo ficou estranho, como se estivéssemos transando com um parente. Já não havia mais surpresas para nenhum dos dois. Felizmente, uma amiga próxima começou a frequentar uma aula de iniciação artística no meio da tarde. Como estava insegura e não queria ir sozinha, pediu que eu fosse com ela. Meu marido não se importou, portanto fui.

Para minha surpresa, eu floresci! Imagino que eu já tivesse um lado artístico dormente durante anos, porque adorei aquelas aulas! Às vezes ia a exposições com minha amiga ou outros colegas da classe. Cheguei a me tornar muito boa pintora, e acho que Rick ficou surpreso não só por eu gostar tanto daquilo quanto por ser tão boa em pintura a óleo. Além disso, acho que ele estava descobrindo um novo orgulho pela esposa, o que era muito bom.

Meu ego ficou ainda mais inflado porque um dos professores começou a me paquerar. Ele não era meu tipo e eu não estava nem um pouco interessada, mas era maravilhoso saber que outro homem, além do meu marido, me achava atraente. Eu me sentia muito viva novamente e, como Rick e eu não estávamos nos vendo o dia todo, todos os dias, começamos a apreciar muito mais um ao outro. Para variar, passamos a ter muito o que dizer. Contei a meu marido que o professor de arte estava dando em cima de mim e ele ficou com ciúmes, mas de uma forma agradável. Nossas transas ficaram cada vez melhores! Acho que ele me viu com uma mulher inteiramente nova.

Ao ver como a expressão artística me modificou, ele decidiu tentar escrever. Isso era algo que sempre quisera fazer, mas por alguma razão nunca tinha feito. Agora ele adora escrever e acho que isso lhe deu uma nova visão de mundo. Na verdade, ele começou a trabalhar em seu primeiro romance e nós dois estamos muito animados. Agora, temos tanto para falar e vivenciar juntos... é maravilhoso!

Rick e Mandy são um bom exemplo do que acontece quando um dos cônjuges decide ampliar os horizontes: o parceiro pode ser influenciado de forma positiva e decidir fazer o mesmo. Isso é bom, não apenas em termos de gratificação pessoal, mas também é maravilhoso para o relacionamento. Trazer novos interesses e experiências para a relação é como trazer uma lufada de ar fresco para dentro de um cômodo fechado. Vocês vão se sentir jovens, cheios de vida, revigorados e, sim, até mesmo sensuais!

Infelizmente, nem todos os parceiros aceitam novidades tão bem quanto Rick. Às vezes podem ocorrer problemas quando um dos membros de um casal procura uma atividade nova e só sua, mas o parceiro continua estagnado. Lembre-se sempre de que você não está procurando enriquecer somente sua vida, mas a vida do relacionamento. É preciso ajudar e estimular o outro a procurar explorar novas áreas de interesse. Não fique tão envolvida em suas novas atividades que acabe por esquecer os pensamentos e sentimentos de seu parceiro. Lembre-se: essa deve ser uma experiência positiva para os dois e gerar uma conexão mais estimulante com seu par. Mesmo que no início ele pareça pouco receptivo, procure levá-lo delicadamente para fora do atoleiro em que caíram. Ele vai agradecer mais tarde!

Tome distância... mas não vá embora

Greg e Sophie estão na casa dos quarenta anos e estão juntos há quase vinte. Sophie tem um emprego de meio expediente em um escritório de advocacia e Greg é um advogado muito ativo, que trabalha em tempo integral. Agora que as duas filhas do casal estão no segundo grau e são muito mais independentes, os dois finalmente têm algum tempo livre. Infelizmente, como Sophie sempre dedicou muito tempo a cuidar das filhas, agora está perdida, sem saber o que fazer com essa liberdade involuntária. Quando era estudante, ela gostava de atividades esportivas e era muito boa corredora, portanto decidiu praticar corrida de resistência para recuperar a forma física. E isso logo se transformou em uma paixão diária:

Comecei a correr como passatempo, para recuperar a forma, mas isso virou uma espécie de obsessão e o centro da minha vida. Se eu não corresse pelo menos 8km por dia, ficava muito deprimida. Eu estava totalmente obcecada! Enquanto isso, meu marido, estava se tornando cada vez mais preguiçoso. Ele ganhou peso e ficou ainda mais caseiro. Eu fiquei muito desapontada porque esperava que minha prática de corrida fosse influenciá-lo a sair do sofá e recuperar a forma física. Infelizmente, a coisa não funcionou assim. Parecia que eu era a única a fazer um esforço para melhorar e ele estava ressentido com o tempo que eu passava fora de casa.

Logo comecei a participar de competições em outras cidades e a passar cada vez mais tempo longe de casa e do meu marido. Eu esperava que na segunda fase das nossas vidas, Greg e eu fôssemos ficar mais unidos e encontrar novas paixões. No entanto, tudo indicava que eu era a única a pensar dessa forma. Comecei a ficar ressentida com ele porque parecia tão preguiçoso e não queria fazer nada.

Foi mais ou menos nessa época que conheci David, outro maratonista, em um dos meus eventos em outra cidade. Nós ficamos amigos e conversávamos muito por telefone. Houve um período em que pensei seriamente em ter um caso com ele e talvez deixar Greg. Quer dizer, David tinha uma forma física tão boa e tanta energia, e Greg era totalmente sedentário. Eu já não queria transar com meu marido, embora ele parecesse me desejar mais do que antes. Nós ainda nos amávamos muito; temos nossas filhas e investimos tanto na vida em comum... eu não queria perder tudo isso.

Portanto, em vez de cometer um erro trágico, resolvi conversar como Greg sobre meu ressentimento cada vez maior por conta das atitudes dele e sobre o medo que tinha de estarmos ficando tão distantes um do outro que talvez não pudéssemos corrigir a situação. Nós realmente conversamos sobre tudo e tentamos fazer nosso relacionamento funcionar. Foi um período difícil para os dois, mas acho que era necessário passarmos por tudo aquilo. Percebemos que tínhamos que fazer um esforço em nossas vidas individuais para que a vida em comum ficasse mais interessante.

Greg me fez perceber que eu estava sendo muito egoísta porque não levava em conta o fato de que ainda éramos uma equipe. Fui muito idiota por pensar em terminar o relacionamento simplesmente porque meu marido não se interessava por corrida de resistência. Ao mesmo tempo, Greg também percebeu que precisava fazer um esforço para descobrir novas atividades e interesses e levar uma vida mais plena e saudável.

Recentemente, meu marido começou a jogar tênis com alguns amigos. Ele está muito animado por voltar a jogar e começando a se sentir mais seguro de si. Agora nós dois temos coisa novas em nossas vidas sobre as quais podemos falar. Muito em breve vou começar a jogar tênis com ele, e também estamos planejando fazer caminhadas juntos. Finalmente, as coisas entre nós estão melhorando e ambos sentimos que temos uma nova chance. Sinto que nossa vida sexual finalmente está voltando aos trilhos, porque estou recuperando a atração por meu marido. Estou muito feliz por tudo estar dando certo porque teria sido uma pena ir embora depois de todos os anos que passamos juntos.

Sophie comprometeu o objetivo da diferenciação porque deixou o novo interesse virar uma obsessão, que quase destruiu o casamento. Quando as novas atividades ameaçam a excluir o parceiro da vida diária, esse não é o tipo de separação que ajuda o crescimento do relacionamento. Sempre se lembre de que vocês são uma equipe. Para uma equipe trabalhar bem, cada indivíduo precisa se esforçar. A questão é não explorar tanto o próprio potencial a ponto de acabar por "se explorar" para fora do relacionamento!

Ter atividades separadas não é mau, seja porque você sai com suas amigas ou ele vai acampar ou velejar com os amigos dele. Isso dá a cada um de vocês uma nova dimensão, que o parceiro não experimentou. Isso lhes proporciona um pouco de mistério. Ele não sabe exatamente o que você fez e com quem falou, ou até mesmo se teve um interesse romântico! O que isso faz é confirmar que os dois ainda são indivíduos capazes de crescer e ser atraentes para outras pessoas. Isso dá a você e seu parceiro mais autoconfiança e restaura um pouco da sensação de enigma e do mistério que existiam no início do relacionamento.

À espera do príncipe encantado

Algumas de vocês podem estar em uma situação um pouco diferente. Depois de pensarem sobre seus interesses e paixões, podem achar que *faz tanto tempo que nem sei quais eram meus interesses e paixões! Minha personalidade ficou tão imersa no nós que eu não sei por onde começar a descobrir meu próprio eu.* Procure pensar no tempo em que seu relacionamento começou e recorde se naquela época você era uma individualidade ou apenas uma criatura dócil que esperava pelo príncipe encantado que realizaria todos os seus desejos e necessidades. Quando ele veio, você pensou: *agora finalmente minha vida está completa e minhas preces foram atendidas. Agora me sinto inteira.* Se você ainda é essa Cinderela ansiosa e cheia de esperança, em busca do príncipe que a complete, bem... você tem muito o que fazer. Nós sabemos: também estivemos nessa situação.

Podemos falar por experiência própria que esse não é um lugar ideal ou confortável, tanto na cabeça quanto no coração. O problema de ser essa romântica incurável é que, em geral, essa é uma situação impossível, que também pode ser dolorosa porque nos faz passar a vida perseguindo uma fantasia. Esse tipo de romance é ótimo para um dia, uma semana ou até mesmo um ou dois meses, mas em um relacionamento prolongado simplesmente não é algo realista. Fazer do seu parceiro o centro absoluto de sua vida é perigoso para seu espírito. Em última análise, é insatisfatório e causa a mais profunda infelicidade. Se seu relacionamento tem por base o seu par como centro de sua existência, você precisa mudar essa situação. Apegar-se a seu homem e esperar que ele preencha o vazio de sua vida simplesmente não é saudável. Mesmo que você sinta que ele está preenchendo esse vazio hoje, nós garantimos que esse sentimento não vai durar.

Tal como o amor, o sexo não devia ser fruto de uma carência. Você não devia precisar que seu companheiro tornasse sua vida completa, sexualmente ou não. O sexo deve ser algo que você quer, e não algo de que precisa. E, francamente, se você está transando porque acha que precisa de sexo, nunca vai se sentir gratificada ou satisfeita — não importando quantos orgasmos possa ter ou deixar de ter! Isso também não vai mudar o sentimento profundo de carência, por mais que você fique abraçadinha com ele antes ou depois de transar. E pergunte a si mesma: você quer realmente transar ou essa necessidade vem de um sentimento de desespero e vazio dentro de si? Se sempre estiver deprimida ou cheia de angústia e necessidade dele, então alguma coisa lhe falta. Isso não é amor verdadeiro. Isso é obsessão. E quem precisa preencher o vazio de sua vida é *você*, e não ele. Ele deveria ser um acréscimo. Ele precisa ser um complemento para você. Mas ele não a completa. Ele não define quem você é. Você define.

Mas o que preciso fazer?

Marie e Justin começaram a namorar na escola, porém como tantos casais adolescentes, se separaram e formaram outros relacionamentos. Anos mais tarde, em um encontro acidental no aniversário de 40 anos de uma amiga em comum, a chama entre eles tornou a brilhar. Marie estava no meio do processo de separação do parceiro atual e Justin já estava divorciado, portanto, começaram a namorar de novo depois de todos aqueles anos. Ela explica:

Quando Justin e eu voltamos a namorar, tenho que dizer que foi uma coisa mágica. Foi como se todas as minhas preces tivessem sido atendidas. Eu tinha passado por alguns relacionamentos realmente ruins antes de reencontrá-lo. Agora que meu casamento estava praticamente encerrado, acho que vi o Justin como uma tábua de salvação e uma saída. Meu marido já não me dava a menor atenção e parecia que não queria conviver comigo. Quanto mais eu queria ficar com ele, mais frio ele se tornava. Eu estava realmente no limite com aquele relacionamento.

De qualquer maneira, quando Justin e eu ficamos juntos pela primeira vez, foi a relação sexual mais intensa da minha vida. Eu nunca tinha me sentido tão próxima de alguém como me senti dele. Era incrível. Eu percebi então que ele era a pessoa com quem eu estava destinada a viver para sempre. Infelizmente, eu morava a quatro horas de distância dele, o que era bastante frustrante e muito inconveniente, portanto pedi demissão do meu emprego e fui morar com ele. Nenhum dos dois tinha filhos ou qualquer compromisso, por isso foi muito fácil fazer essa mudança. Ele me disse que não se importava por eu não trabalhar, então eu ficava em casa e só fazia o trabalho doméstico: cozinhava, lavava e passava roupas, limpava a casa... essas coisas. Eu tinha alguns hobbies, como jardinagem, e gostava de navegar na internet de vez em quando. No entanto, na maior parte do tempo eu não fazia grande coisa. Eu gostava tanto da companhia dele que só queria estar com ele e fazer o que ele quisesse. Por mais tempo que passássemos juntos, aquilo nunca me parecia suficiente.

Depois de um tempo, porém, ele começou a dizer que queria sair com seu amigo Jim ou passar alguns dias pescando com os amigos. Eu perguntava o que iria fazer enquanto ele estivesse fora. Sei que Justin passa muito tempo comigo, mas quando não está, sinto como se minha vida estivesse em suspenso até sua volta.

Nos últimos tempos tenho tentado transar com ele ainda mais — achando que se eu quiser sexo o tempo todo, Justin vai querer ficar comigo e não vai sair com os amigos. Mas, mesmo quando estamos juntos, é como se eu não conseguisse ficar perto o bastante dele. Não faz diferença quantas vezes a gente transa, nunca é suficiente. O engraçado é que agora ele quase nunca quer sexo. E, para mim, o sexo já não é uma coisa boa. Eu só estou tentando usá-lo para segurar Justin. Mas estou começando a sentir que vou perdê-lo. Estou ficando bastante deprimida e chorar muito, e agora parece o que ele ainda tem mais motivos para não ficar comigo.

Marie está em uma condição de muito sofrimento. E o erro que está cometendo (e que provavelmente também cometeu no casamento anterior) é não ter uma vida suficientemente rica. A definição de casamento, para ela, é um relacionamento em que a vida dos dois parceiros deve girar somente em torno um do outro. Para ela, Justin é tudo: o centro das emoções, do divertimento, o único companheiro e a razão de viver. No entanto, como a vida dele envolve outros interesses além do relacionamento (o trabalho, os amigos e outras atividades, como a pesca), ele nunca será capaz de satisfazer todas as necessidades dela e lhe dar toda a atenção que deseja tão desesperadamente.

A ideia romântica do "felizes para sempre" só funciona se os dois estiverem dispostos a encontrar maneiras de desfrutar a vida sem a presença constante do parceiro. Quando você é feliz consigo mesma, o companheiro também fica mais interessado e feliz. Por quê? Porque você se torna interessante e fascinante para ele! Embora aparentemente seja mais comum a mulher se deixar engolir pelo relacionamento, ocasionalmente isso acontece também com os homens. Os dois gêneros precisam ter consciência dessa questão. Nós entendemos com que facilidade se pode cair em uma condição como a de Marie e Justin. No entanto, é preciso combater essa situação. Dá trabalho, com certeza. Mas esse é um trabalho que precisa ser feito para que se possa ser feliz — no relacionamento ou fora dele.

Portanto, reserve algum tempo para estar sem seu parceiro, fora da rotina. Passe o fim de semana em um spa ou retiro de ioga com uma amiga ou até mesmo sozinha. Passeie na natureza, leia mais, explore a vida, saia com as amigas, divirta-se e seja criativa. Faça tudo isso por si mesma! Também não tenha medo de passar algum tempo sem fazer nada. Às vezes a vida diária é tão atarefada que esquecemos alguns prazeres simples, como passear no parque ou contemplar o pôr do sol. Virginia Woolf também escreveu: "É na ociosidade e nos sonhos que as verdades ocultas às vezes vêm à tona." "Um teto todo seu" não é necessariamente um lugar distante do parceiro. Você pode ter um espaço próprio no mesmo apartamento ou na mesma casa em que vive com ele. Vá em frente: leia, escreva, desenhe, medite, faça o que quiser para explorar sua vida, desde que se trate de alguma coisa só sua. Volte a *se* conhecer.

Como indivíduos, evoluímos constantemente. E isso é normal e natural. A meta é evoluir separada do seu parceiro, mas ao lado dele. Sabemos que isso parece contraditório, mas funciona. Vocês dois devem crescer e mudar como indivíduos, mas se reunirem para compartilhar seus ganhos — os novos pensamentos, paixões e opiniões. É assim que o relacionamento se mantém renovado. É assim que o sexo recupera a paixão. Quando você mantém o relacionamento renovado dessa maneira, o desejo por sexo será continuamente reativado. Vocês voltam a se sentir fascinados e excitados um pelo outro. E, quando as mentes são revitalizadas, os corpos logo as acompanham. A separação vai uni-los e mantê-los juntos.

SEPARAÇÃO É UMA COISA BOA

1 Descubra-se *fora* do seu papel no relacionamento. Desfrute os diferentes aspectos de suas paixões individuais e sua criatividade.

2 Lembre-se de reservar espaço para construir "um teto todo seu" — um lugar onde você possa ser você mesma, sem a influência de seu parceiro.

3 Procure sempre trazer algo novo para o relacionamento — novos amigos, novas ideias e atividades. Isso vai manter a relação renovada, ajudar a recuperar o mistério e reativar a tensão sexual entre vocês.

4 Não se concentre em suas novas atividades a ponto de esquecer que faz parte de uma equipe. Paixão não é obsessão. Não exclua seu parceiro de sua vida.

5 Lembre-se de que seu parceiro não define quem você é. Ele também não é sua cara-metade. Apesar de ser seu complemento, ele não é aquilo que a completa.

Capítulo Oito

Ame quem vive com você — você mesma!

Acho que desde que tive meu primeiro filho, há cinco anos, não consigo olhar meu corpo nu. Simplesmente não consigo encarar minhas estrias.
AMELIA, 37 ANOS

Gosto muito de passar algum tempo sozinha. Às vezes gosto tanto da minha própria companhia quanto gosto da companhia do meu parceiro. A vida é boa.
TARA, 49 ANOS

O RELACIONAMENTO MAIS IMPORTANTE da vida de qualquer pessoa é o que mantém consigo mesma. O ponto de partida para toda relação — e não só para o relacionamento com um parceiro — deveria ser o amor-próprio. Para deixar a questão ainda mais clara: esse amor é o alicerce para qualquer relacionamento saudável. Se no momento você não fica à vontade com a ideia de amar a si mesma, então precisa estudar as diversas maneiras de mudar esse sentimento. Não basta dizer da boca para fora que se ama, é preciso fazer com que isso seja uma verdade.

Nesse ponto nós poderíamos pegar pesado e partir para uma análise psicanalítica da sua situação, mas no fim das contas estamos aqui para falar sobre sexo e sobre uma relação mais sensual entre você e seu parceiro. O que descobrimos é que sentir-se sexy e ser sexual depende principalmente de nós mesmos. Não é somente uma questão de como você e seu parceiro se relacionam ou do que ele diz ou faz para deixá-la excitada. O foco é você, é a maneira como se sente e o nível de autoconfiança que revela. É aí que entra o amor-próprio.

Por exemplo: como seu parceiro pode achar que você é sexy se você não se sente assim? Mesmo que sem roupas você lembre a Elle Macpherson, se não projetar a autoconfiança que declara "Sim, sou sexy!", seu parceiro não vai vê-la dessa maneira. Pense nele como uma tela em branco, pronta para recebê-la do jeito que você quiser se projetar ali. Nós somos aquilo que sentimos, e o que sentimos é o que projetamos para nosso parceiro e para o mundo. A sexualidade não é questão de ter um corpo perfeito, um rosto bonito ou as roupas mais caras, inclusive roupas íntimas. Na verdade, nada disso é importante. O importante é como você se sente. A sexualidade vem de dentro e, por essa razão, seus sentimentos sobre si mesma são a coisa mais poderosa.

Ao longo deste livro procuramos destacar a importância de ter um diálogo sexual com o parceiro. Esse diálogo também inclui o diálogo interno, aquele que temos conosco. Você precisa primeiro aprender a se amar. Só assim é possível fazer florescer um relacionamento gratificante com o outro.

Sendo assim... vamos pensar em "nós" por um instante!

Como você se sente quando se olha no espelho? Você diz "Nossa, sou uma gata!"? Se isso não acontece, por que não acontece? Infelizmente, com todas as revistas sobre moda e celebridades que vemos toda semana (mesmo que só na fila do supermercado), acabamos por acreditar que se você não parecer ter 25 anos, não medir 1,75m e pesar 60kg, pode esquecer, porque você não é sexy. É impressionante o nível de autodepreciação das mulheres de hoje, o que, além de triste, é absurdo. Um dia, todo mundo vai morrer. Você acha que aos 90 anos vai realmente rever sua vida e pensar "Nossa, fico imensamente feliz por ter sido tão crítica comigo mesma naqueles anos"? Achamos que não.

Além disso, sabemos por experiência pessoal como as fotos de revistas são mentirosas. Acredite: a quantidade de retoques naquelas fotos é imensa! Eles aumentam o comprimento das pernas, remodelam o corpo e, naturalmente, apagam todas as rugas, espinhas, olheiras, manchas na pele e celulite, é claro. Hoje em dia, a pele das modelos nas revistas é tão retocada que nos perguntamos se sobra alguma pele de verdade para ser vista. Portanto, pare de pensar que está aquém das expectativas. Todo mundo está aquém das expectativas de perfeição das revistas. Até mesmo as modelos! Elas foram transformadas em uma imagem bonita. Uma imagem... só isso. Para variar, vamos nos apaixonar pela realidade do que nós, as mulheres de verdade, somos. Isso significa que cada uma de nós deve gostar de quem é, em toda a sua glória individual. Sim, com espinhas, celulite, rugas e tudo mais!

Laura é uma personal trainer de 51 anos e trabalha em Beverly Hills, em uma academia feminina muito exclusiva que se especializa em ginástica para mulheres acima dos quarenta anos. Ela tem uma personalidade muito interessante e um imenso amor pela vida, que atrai homens e mulheres. Suas aulas de aeróbica estão sempre lotadas. Todo mundo adora a energia dela, o sorriso amplo e o amor que ela sempre manifesta pela atividade física. No entanto, Laura não tem um corpo perfeito. Na verdade, ela está uns 8kg acima do peso. Mas isso não parece afetar a devoção das clientes ou o afeto do marido:

Sou italiana e adoro preparar comida italiana para meu marido e minhas duas filhas, portanto sei que provavelmente nunca mais vou ser tão magra quanto era aos 30 anos. E daí? Sei que ainda posso manter a forma e ser saudável, mesmo com um algum peso a mais. Na verdade, meu marido parece gostar ainda mais de mim agora, porque pela primeira vez na vida tenho um colo interessante. Quando saímos, gosto de usar vestidos decotados que favorecem os seios, portanto acho que ninguém presta atenção nos meus quadris.

Depois de conversar com Laura durante algumas horas, percebemos que, entre as clientes dela na academia, algumas das quais consideradas as mulheres mais atraentes de Hollywood, muitas estão tristemente insatisfeitas consigo mesmas e com a própria sexualidade.

Tenho uma cliente, uma atriz que tem só 40 anos, mas já fez diversas cirurgias plásticas nos seios, no rosto e no corpo. O pior é que quando a conheci, há dez anos, ela era muito mais bonita. Ela vestia mais ou menos tamanho 40 (magra, mas sem exagero) e parecia uma garota californiana normal. Agora ela veste 36 e seu rosto parece mais velho do que deveria porque tem uma aparência muito falsa. É quase como se ela pudesse ter qualquer idade, até mesmo 60 anos, mas estivesse tentando parecer mais jovem. E o bumbum dela, que era tão bonito antigamente, agora está acabado. Na verdade, ela me disse que está tão magra que precisa comprar roupas no departamento infantil. Quando pergunto se ela está feliz com a própria aparência, ela responde "De jeito nenhum! Tenho celulite, meus seios podiam ser maiores, preciso de mais silicone nos lábios e estou pensando em fazer uma cirurgia íntima...", e assim por diante. Ela nunca está feliz, por mais que tente mudar a própria aparência. Também me disse que quase não transa mais com o marido. Acho que está tão infeliz com a própria aparência que perdeu o tesão. A infelicidade e a insegurança dela são perceptíveis, o que a deixa ainda menos atraente.

Tenho outras clientes que pesam menos do que eu, mas não querem se olhar ao espelho durante a ginástica, mesmo vestidas! Quando digo que seria de grande ajuda se elas se olhassem ao espelho durante certos exercícios, para conferir a postura, elas se recusam e pedem: "Por favor, Laura, não vou me olhar no espelho; fique na minha frente". Nunca vi tantas mulheres inseguras e infelizes, mas acho que isso é comum. Acho que todo o dinheiro e a fama do mundo não compram autoestima.

O espelho é seu amigo

Se você quiser voltar a se sentir sexy, a primeira coisa a fazer é se olhar ao espelho. Sabemos que muitas pessoas passam batidas pelo espelho todos os dias depois de tomarem banho e se recusam a se olhar, como as clientes de Laura, mas *é preciso* parar com isso se você quiser recuperar sua vida sexual. Antes, nós explicamos a importância de olhar diariamente para o parceiro. É igualmente importante *se* olhar no espelho.

Antes de se vestir pela manhã, ao se preparar para sair à noite ou mesmo antes de ir para a cama no fim do dia, reserve alguns instantes para ficar de pé em frente ao espelho, nua. Isso mesmo, nua. Olhe realmente para si mesma. Examine os seios, os quadris, a cintura, as pernas. Se quiser, pode até mesmo se sentar em uma cadeira e examinar sua vagina. Então diga para si mesma com sinceridade e sentimento: "Sou sexy." Passe as mãos pela pele e sinta as linhas do corpo. Sinta sua forma, seu seios e seus quadris. Sinta a pele, como é macia, pensando o tempo todo: *sou sexy, sou maravilhosa, tenho valor*. Faça isso todo dia até que essa ideia seja percebida como verdadeira por sua mente. Então, depois de olhar o próprio corpo durante pelo menos alguns minutos, calce o par de sapatos mais sedutores que você tiver e caminhe pelo quarto (sim, ainda sem roupas), e repita enquanto se olha ao espelho: "Sou incrivelmente sexy!" No início, isso pode soar meio idiota, mas acredite que é importante. Você precisa criar o hábito de olhar seu corpo nu e gostar dele, quer pese 50 ou 150kg; quer seja alta e magricela, quer seja baixa e redonda. Seu corpo é bonito e você precisa começar a perceber e realmente acreditar nisso. Desfrute sua individualidade e o fato de ser inigualável.

Muitas mulheres não querem se olhar no espelho até terem "perdido alguns quilinhos", mas por que esperar por algo que pode acontecer ou não? Por que adiar o momento de gostar de si mesma? Isso não quer dizer tornar-se egocêntrica, narcisista ou arrogante com sua aparência. Quer dizer apenas começar a se aceitar — com os quilos a mais, as estrias, as rugas, a celulite e todo o resto. A partir do momento em que você começar a amar seu corpo, será muito mais fácil seu parceiro amá-lo também. A história a seguir ilustra o poder da beleza de um corpo feminino depois que a mulher se aceita.

Desde muito nova, nossa amiga Nikki sempre teve excesso de peso. Na verdade, todas as mulheres da família dela são pesadas. Na adolescência ela vestia manequim 44 e aos 20 anos já vestia manequim 50 — não era obesa, mas certamente era pesada de corpo. Ela tentou todas as dietas do planeta (Vigilantes do Peso, Janny Craig, Nutrisystem e outras), mas nada parecia dar certo. Ela perdia 15kg e em seguida ganhava 20kg. Nikki tinha muita vergonha de mostrar o corpo, embora tivesse as proporções perfeitas de violão, com um busto grande, quadris arredondados e pernas bem-feitas.

D esde a adolescência escondi meu corpo porque achava que era gorda em comparação às minhas amigas. Aos 20 anos, quando comecei a frequentar a turma do grunge, o estilo deles era bom para mim porque eu podia usar camisões largos e calças jeans velhas e continuar a esconder meu corpo. Nunca tive muitos namorados — acho que não gostava muito da minha aparência física. Quando entrei na casa dos trinta, já não usava mais o estilo grunge, mas continuava a usar roupas largas. Eu até comprava camisas sociais masculinas que usava abotoadas até o pescoço e com calças largas. Trabalho como editora de livros escolares, portanto não faz muita diferença o que visto para trabalhar porque não tenho muito contato com o público.

No entanto, há pouco tempo, depois de mais uma dieta fracassada, vi em uma revista uma longa matéria sobre uma cantora chamada Beth Ditto. Observei que, apesar de ainda mais gorda do que eu, ela só usava roupas ajustadas e muito sexies! Para ser honesta, no começo fiquei surpresa por ela ter a coragem de usar roupas sedutoras quando provavelmente vestia manequim 54. Mas ela realmente parecia sexy e linda! Vê-la ser considerada essa deusa me fez rever a maneira como me avaliava. Quer dizer, ela também parecia tão confiante e tão tranquila naquelas fotos! Ficou claro para mim que ela não se incomodava de ser gorda; ela gostava de ser imensa, em toda a sua glória.

Por causa dela, decidi virar uma página na minha vida e me aceitar. Quer dizer, se ela podia fazer aquilo, eu também podia, portanto disse para mim mesma que não precisava ser magra para parecer sedutora. De qualquer maneira, eu não me entupo de comida e tenho uma alimentação bastante saudável. Além disso, meu corpo fica naturalmente mais feliz com esse peso. E também não é verdade que do outro lado da magreza haja um pote de ouro à nossa espera! Comecei a me dizer que minha vida era realmente boa e meu corpo também.

Joguei fora todas as camisas masculinas e calças de cintura alta e comecei a comprar roupas que mostrassem mais meu corpo. Comprei um pretinho básico e sapatos de salto agulha, que me faziam parecer muito mais alta e magra do que realmente sou. Acredite se quiser, mas eu nunca tinha comprado sapatos de salto antes! Também comprei jeans de cintura baixa, blusas bonitas e decotadas e alguns vestidos de trabalho com cintura marcada. Nada vulgar, apenas roupas informais, femininas e sedutoras para o dia e a noite. A partir daí criei coragem para dar um bom corte no cabelo e pintá-lo e comecei a usar um pouco mais de maquiagem. Também fiz as unhas dos pés pela primeira vez na vida! Foi como se o anjo da guarda do banho de loja tivesse baixado sobre mim e me dado um empurrão na direção certa.

Da primeira vez em que saí com os amigos com essa produção, eles ficaram de queixo caído! Não podiam acreditar que eu fosse a mesma pessoa. Todos acharam que tinha perdido peso e feito uma lipoaspiração. Eu me sentia maravilhosa porque fiz aquilo só por mim e não pelos outros — eu queria cuidar bem de mim e ser egoísta, para variar. Os homens também começaram a prestar mais atenção em mim. Para ser honesta, no início foi meio assustador receber tanta atenção, mas eu gostei de cada minuto. E tudo isso aconteceu porque vi a Beth Ditto e constatei como ela era sexy! Minha vida mudou drasticamente e graças a isso minha autoimagem também ficou muito melhor. E você sabe de uma coisa? Agora sou até capaz de me olhar no espelho, nua, e dizer: "Garota, você arrasa!"

Nikki é uma mulher muito corajosa. É muito difícil se olhar no espelho e se aceitar de forma incondicional, mas todas precisamos aprender a ser felizes de verdade em nossa própria pele.

A verdade nua

Dentro dessa temática de se olhar no espelho sem roupas, ficamos realmente surpresas porque, quando começamos a fazer a pesquisa para este livro, ninguém sugeriu o óbvio: que dormir sem roupas toda noite ao lado do parceiro aumenta a chance de ter sexo. É *só* isso? Sim, é só isso. Deitar-se toda noite de camisola de flanela, meias e calcinha é mais um desses hábitos diários que diminuem as chances de intimidade com o parceiro. E o mesmo vale para ele. Quando ele vai se deitar toda noite usando a mesma camiseta velha e a mesma cueca detonada (geralmente bem detonada, não é mesmo?), o que isso lhe diz sobre os sentimentos dele a seu respeito, do ponto de vista sexual? Não faz você se sentir desejada, não é mesmo? Que surpresa!

Quando entrevistávamos mulheres para escrever este livro, sempre perguntávamos: "O que você e seu marido usam para dormir?" As mulheres que respondiam "Geralmente só uso perfume" quase sempre estavam mais felizes com a vida sexual do que as mulheres que afirmavam usar pijamas. Mesmo as que só usam calcinha e sutiã têm menos sexo do que as que não usam nada. E por que isso acontece, perguntamos? Porque quando você vai para a cama vestida, mesmo que seja apenas com uma calcinha e uma camiseta, é como se dissesse ao parceiro que não quer ficar nua ao lado dele, e isso tem grandes implicações. Significa que você não quer que ele estique a mão e toque em sua cintura despida, seu seios macios e suas coxas quentes. Não faz diferença se você vive em uma região fria e é inverno — use mais um cobertor, pelo amor de Deus! Será que seu casamento e sua felicidade não valem isso? Se você não estiver no período menstrual ou se sentindo mal, sempre deve se deitar nua ao lado do parceiro, e ele deve fazer o mesmo. Usar uma camisola sexy é sempre divertido — principalmente se com isso você se sentir sedutora, mas o segredo é quase sempre dormir nua. É claro que o último lançamento da Victoria's Secret pode ser usado de vez em quando para apimentar as coisas. No entanto, o traje habitual deve ser este: nada.

Conversando com as mulheres nós também descobrimos que as que dormem nuas geralmente têm uma imagem melhor do próprio corpo e ficam mais à vontade com ele do que as que usam camisola para dormir. E também descobrimos que as mulheres que dormem nuas não são necessariamente mais bonitas, jovens e magras do que as outras. Contudo, elas sinalizam para os parceiros que se sentem bem com o próprio corpo e querem compartilhá-lo com o homem amado.

Além disso, quando você começa a dormir nua com seu parceiro, é muito provável que ele siga a tendência e comece a fazer o mesmo, porque vai lhe parecer estranho abraçá-la na cama e sentir sua pele macia enquanto ainda está usando aquela camiseta velha e a cueca detonada. O sexo é uma dança e, quando você toma a dianteira, e, por assim dizer, cria o cenário, seu parceiro logo vai segui-la e vai apreciar a sensação da pele na pele, que pode estar em grande falta em suas vidas. Transar é algo físico, tem a ver com toque, olhar e sentimento. Dessa forma, como vocês podem explorar esse lado de cada um se estão separados por uma camada de flanela?

Claire, uma cabeleireira, e Danny, um programador de computadores, estão juntos há 17 anos e casados há 12. Eles têm duas filhas pequenas, de 7 e 10 anos. A não ser por alguns problemas financeiros no passado (infelizmente há alguns anos eles perderam todas as economias ao investirem em ações de empresas de tecnologia), a vida deles tem sido boa. Eles adoram as filhas e nos últimos tempos recuperaram a segurança financeira e vivem em uma casa confortável, que reformaram cuidadosamente. Claire nos explicou a situação do casal:

Quando perdemos todas as economias, há oito anos, ficamos tão estressados que acho que passamos um ano sem transar. Estávamos tão deprimidos e chocados que mal tínhamos energia para cuidar das meninas, imagine para ter relações sexuais. No início de nosso relacionamento, sempre dormíamos nus. Nem nos passaria pela cabeça vestir alguma coisa para dormir. No entanto, quando eram pequenas, as meninas às vezes vinham dormir em nossa cama ou pular em cima de nós pela manhã, portanto passamos a usar pijamas porque elas estavam sempre conosco. E, quando perdemos todo o nosso dinheiro, nunca tínhamos vontade de transar, portanto usar pijama e camisola virou um hábito que nunca abandonamos. Quer dizer, fazíamos sexo de vez em quando, mas com uma frequência muito baixa. Isso não era bom.

Mesmo depois de nos recuperarmos do desastre financeiro e de as crianças ficarem mais velhas e pararem de ir dormir conosco, nossa vida sexual não melhorou. Acho que isso aconteceu porque, para transar, eu teria que ir para a cama sem a minha camisola de flanela e meu marido teria que tirar o pijama. Depois que começamos a ir dormir com roupas, começou a ficar estranho tirá-las antes de ir para a cama. Se eu ficava com tesão, às vezes usava alguma coisa mais atraente que uma camisola, mas acabava por me sentir meio idiota porque era muito estranho expor o corpo. Era como se eu estivesse anunciando no jornal: "Hoje à noite quero transar!" Eu ficava sem graça de ser tão óbvia sobre meu desejo. Acho que tinha parado completamente de me olhar nua, portanto provavelmente também não estava muito segura de mim. Depois de ter minhas filhas, minha barriga nunca voltou a ser o que era no passado e sei que também tenho muita celulite, portanto não queria mais ver meu corpo e, principalmente, não queria que meu marido me visse com as luzes acesas, antes de irmos para a cama.

De qualquer forma, certa manhã me surpreendi ao olhar no espelho minha imagem vestida com a camisola abotoada até o pescoço e pensei: *Meu Deus, estou igual à minha mãe e ela tem 68 anos! O que me aconteceu?* Eu realmente sentia falta dos velhos tempos em que meu marido e eu dormíamos nus porque, quando transávamos, tudo parecia muito natural e fácil. Não era preciso um anúncio prévio. Simplesmente começávamos a nos beijar e continuávamos a partir dali. Naquele tempo, realmente sentíamos muito tesão um pelo outro e não parecia prático vestir alguma coisa.

Portanto, um dia sugeri a Danny que voltássemos a dormir sem roupas. No início, ele ficou surpreso e não estava muito a fim, mas decidiu experimentar assim mesmo. Depois de um tempo, aquilo voltou a ser nossa maneira habitual de dormir. Agora, não só transamos mais, como o sexo é melhor. Parece mais espontâneo e orgânico, e, definitivamente, mais erótico. Outro dia, me deitei na cama na posição inversa à dele e abri bem as pernas para deixá-lo ver minha vagina. Acredite se quiser, mas eu nunca tinha tido coragem de deixá-lo me ver de forma tão íntima. Ele ficou em transe! Comecei a tocar meus seios e depois minha vagina. Foi um dos momentos mais eróticos da nossa vida sexual. Quando nos conhecemos, éramos um pouco tímidos nessa questão e, apesar de dormirmos juntos sem roupas, nenhum dos dois tinha segurança suficiente para mostrar realmente o corpo de uma forma íntima. Depois de alguns minutos só me olhando, meu marido finalmente disse: "Meu Deus, você é um tesão! Tenho que te foder agora mesmo." Foi incrível! Ele nunca tinha falado comigo daquela maneira e foi muito excitante ouvir aquilo.

Acho que, como eu me sentia mais sensual, ele realmente ficou muito mais excitado. Agora nós paramos para olhar um ao outro com as luzes acesas e realmente experimentar nossos corpos juntos. É como se eu o visse como um homem inteiramente novo, e ele realmente me viu como uma mulher atraente pela primeira vez. Hoje fico muito mais estimulada com nossa vida sexual do que no início do nosso casamento. Agora que somos mais velhos e mais autoconfiantes e maduros, não posso imaginar o que vai acontecer no futuro! Acho que estamos finalmente descobrindo nossos eus sexuais — e tudo começou depois que tivemos a segurança de dormir nus novamente.

Conversando com mulheres como Claire, descobrimos que, quando se usa roupas para dormir toda noite, a chance de ter transar diminui muito. Você realmente quer continuar a fazer isso? Claire e Danny só precisaram ficar nus na hora de se deitar. Depois, aumentaram o potencial da coisa quando realmente olharam um para o outro com as luzes acesas. A dificuldade para Claire foi reunir coragem para se sentir bem com o próprio corpo. Contudo, ela superou os medos e se aceitou como é *hoje*. E foi isso o que a deixou tão sensual — a confiança em si mesma.

Infelizmente, encontramos muitas mulheres que não têm amor e confiança em si mesmas, que tentam desesperadamente continuar jovens e magras exercitando-se com obsessão ou fazendo cirurgias plásticas. Elas fazem isso na esperança fútil de evitar que os parceiros percam o interesse. No entanto, ser muito crítica com relação à aparência e tentar constantemente melhorá-la — como faz a mulher que veste manequim 36, da academia de Laura — só causa mais autodepreciação e reposiciona o foco no que está *errado* com a sua aparência. Em vez de agir dessa forma, concentre-se no que é maravilhoso em você e ame quem você é, e não quem gostaria de ser. Só existe uma de você, e é preciso projetar esse conceito para seu parceiro e para o mundo. Desfrute a viagem de ser quem é, como é.

Você é sedutora!

Imagine morder um pêssego macio e suculento em um dia quente de verão. Apenas imagine isso: o sumo da fruta escorrendo por seus dedos e seu queixo. Você lambe os dedos porque o sabor é delicioso. Você devora aquela fruta sem outra preocupação no mundo senão o pêssego delicioso e adocicado. O pêssego é tudo, não é mesmo?

Bem, sua abordagem com relação à sua sexualidade deve ser como comer aquele pêssego maravilhoso! Você não precisa pensar sobre seu desempenho quando está comendo a fruta. Você simplesmente faz aquilo, e aprecia cada segundo! Quando olhar seu corpo no espelho, pense nas maravilhas de que ele é capaz. Pense no corpo como um pêssego delicioso, maduro, suculento e desejável.

Você pode fazer coisas fantásticas com seu corpo. Ele trabalha por você. Quando se vê dessa maneira, não fica muito mais fácil ter amor-próprio? Nós achamos que sim. Nossos corpos são a celebração física daquilo que somos. *Por que não* celebrar isso? Afinal, só temos um corpo. Além disso, se houver algum problema, ele quase nunca vem do nosso corpo. Com muita frequência, nossos problemas estão todos na nossa cabeça. É por isso que queremos que você pense em sua sexualidade como se fosse aquele pêssego (ou qualquer outra fruta suculenta que você adore), porque você é maravilhosa, deliciosa, suculenta, madura e pronta para ser colhida! O fato de comer aquela fruta tira você de dentro da própria cabeça e a mergulha no momento. Se passar muito tempo pensando na aparência de seu corpo e em seu desempenho com o parceiro, ficará tempo demais dentro da própria cabeça. Como poderá desfrutar o momento? Como vai permitir a seu corpo "mergulhar no momento" quando sua mente fica no caminho? Você certamente não vai conseguir ter um orgasmo enquanto tiver essa atitude. Portanto, solte-se. Entregue-se!

Não finja, querida!

Por falar em orgasmo, infelizmente muitas mulheres ainda acham que o prazer do parceiro é condição indispensável para o próprio prazer — talvez porque não se permitam parar de pensar e viver o momento. Por isso, quantas mulheres fingem ter prazer? Podemos dizer com segurança que praticamente todas as mulheres com quem conversamos já fizeram isso em algum momento de suas vidas. Às vezes elas o fazem simplesmente para pôr fim à atividade sexual. Outras vezes, porque não querem ferir os sentimentos do parceiro. E muitas vezes porque querem que o companheiro se sinta bem. Seja qual for a razão, elas estavam pensando demais e não deixaram que o próprio corpo tivesse prazer.

Evidentemente, essa regra tem exceções. Em um caso, conversamos com uma mulher que tomava antidepressivos há cinco anos e, em consequência disso, não conseguia ter um orgasmo. Os antidepressivos geralmente causam esse efeito colateral. Se você tomar esse tipo de medicação, precisa contar esse fato ao parceiro e parar de se sentir culpada ou inadequada. O problema não está em você, está no medicamento. No caso específico que estamos narrando, essa mulher decidiu simular o orgasmo, em vez de ser honesta com o marido. Durante cinco anos! Ela tinha muito medo de ferir os sentimentos dele, embora não pudesse ter um orgasmo porque tomava aquele remédio, e não por uma deficiência do marido. No entanto, durante todos aqueles anos, cada vez que fingia, mentindo para si mesma e para o marido, ela ficava ainda mais aprisionada na própria cabeça — cheia de culpa e remorso. Com esse tipo de bagagem, como poderia ter um orgasmo? Recentemente, ela nos disse que parou de tomar o antidepressivo, e adivinhe o que aconteceu? Ela ainda não consegue ter um orgasmo. Depois de tantos anos fingindo, mesmo sem o remédio nada mudou. É uma pena. Ela precisa ser honesta consigo mesma e com o marido e se livrar de todo esse problema mental. E tudo isso aconteceu porque ela queria agradar ao parceiro.

Seja egoísta!

Sabemos que é muito difícil correr o risco de se permitir o tempo necessário para ter um orgasmo, principalmente se você tiver medo de ser completamente honesta. Em geral, preferimos fingir para que eles se sintam bem, em vez de nós realmente nos sentirmos bem. Mas qual é o sentido de uma atitude dessas? Todo mundo gosta de ter prazer. É claro que todo mundo já ouviu o velho ditado de que o sexo é tanto dar quanto receber. Nesse caso, receber significa ser um pouco egoísta de vez em quando. Os dois parceiros precisam de certo grau de egoísmo e autoconsciência para terem a capacidade de realmente se doar. Onde fica a intimidade e a intensidade do amor, se você estiver tão preocupada com seu parceiro e com as necessidades dele que acaba ignorando as próprias necessidades? E, vamos ser honestas, meninas: os homens adoram sentir que fizeram um bom trabalho! Se você se permitir ter prazer, ele vai se sentir ainda melhor.

No capítulo anterior, mostramos que é bom para o relacionamento quando os parceiros mantêm algum distanciamento. Reservar tempo para explorar quem você é, quais são seus interesses, e também quais são suas necessidades sexuais, significa ser um pouco egoísta. E esse egoísmo vem do amor--próprio. Vamos contar a história comovente e muito comum de uma mulher que não conseguiu ser egoísta.

Beth e Cameron foram casados durante 18 anos e depois se divorciaram porque o marido teve um caso e se apaixonou por uma colega de trabalho. Beth ficou tão arrasada que teve um colapso mental. Depois de dois anos de terapia, ela finalmente foi capaz de falar sobre a questão:

Acho que Cameron e eu tínhamos uma parceria maravilhosa. Amamos nossos três filhos e sempre passamos juntos todos os momentos livres, mas acredito que nossa vida sexual não era boa. Eu pensava que, após vinte anos juntos, aquilo era normal. Na terapia, que foi um processo muito doloroso, aprendi que não ajudei nossa vida sexual porque fingi durante tantos anos. Eu fingi orgasmos com todos os homens da minha vida, mesmo com meu primeiro namorado do tempo de escola. Acho que eu era tensa demais para apreciar de fato o sexo, e também pensava que o prazer do homem era o foco principal, portanto deixava de lado minhas próprias necessidades. Não é que não ficasse excitada, apenas nunca consegui ter um orgasmo. Às vezes, depois do sexo, eu me masturbava às escondidas porque estava excitada e precisava de um orgasmo para dormir.

Seja como for, depois que meu marido foi embora, tive uma série de transas ocasionais e namoros rápidos e, mesmo nesses casos, continuei a fingir! Você pode acreditar em uma coisa dessas? Eu fingia ter um orgasmo para um parceiro de uma noite — alguém que nunca mais ia ver e com quem não me importava! Acho que esse é um hábito difícil de quebrar. Sei que não é minha culpa meu marido ter tido um caso, mas acredito que, se eu tivesse sido mais egoísta e pensado mais em minhas próprias necessidades na cama, nossa vida sexual teria sido mais íntima e mais interessante. Eu acho que ele nunca suspeitou, mas imagino que nossa ligação teria sido mais forte se eu fosse mais honesta. Além disso, como nunca tive um orgasmo com ele, não tinha muito entusiasmo pelo sexo, então tenho certeza de que ele percebeu isso, e talvez esse tenha sido o motivo pelo qual foi infiel.

A história de Beth ilustra o fato doloroso de que, quando pensamos que estamos sendo altruístas e agradando ao homem, na verdade estamos prejudicando o relacionamento mais do que imaginamos. Quando ficamos sempre tentando dar prazer e acatar os desejos dele, deixando de lado nossos próprios desejos, comprometemos seriamente a relação. Os homens sabem quando temos entusiasmo pelo sexo. No entanto, como podemos ter entusiasmo por algo que não nos dá prazer? Portanto, trate de garantir que terá prazer na cama.

Naturalmente, você precisa saber o que lhe dá prazer. Se não estiver segura dessa questão, faça dessa descoberta um período de divertimento e exploração com seu parceiro. Seu homem vai ficar maravilhado com seu prazer, e querer proporcionar mais. Todo homem adora agradar a uma mulher, portanto procure ser muito feliz na cama. Proporcione-se esse prazer. Proporcione esse prazer a seu parceiro. Seja corajosa — e dê a ele o que realmente importa!

Até aqui neste capítulo estivemos falando principalmente de ter amor por si mesma e conhecer seu lado físico. No entanto, deveria ser evidente que amar e aceitar o próprio corpo também significa conhecer e amar seu lado emocional e mental — seu eu interior. Obviamente, não somos perfeitos. Todos temos defeitos. Mas o segredo é aprender a amar *tudo* a respeito de si mesma, apesar desses defeitos. As imperfeições nos tornam únicos! Desfrute suas imperfeições. A perfeição pode ser um tédio.

Conhecer a si mesma — seus talentos, habilidades, preferências, e também sua mente — atrairá o tipo de homem que você gostaria de atrair. E, com sorte, se tiver bastante amor e respeito por si mesma, vai saber que atraiu o parceiro certo.

Contudo, nos relacionamentos prolongados, às vezes podemos perder de vista esse conhecimento e amor por nós mesmos. Podemos ficar tão envolvidos na relação que o sentimento de identidade e a decorrente autoconfiança talvez se percam. E, também, todos aqueles anos em que vocês se chamaram de "querido", "docinho", "mãe" e "pai" certamente afetaram seus sentimentos com relação a si mesmos.

Por essa razão, nosso capítulo anterior sobre o distanciamento é bastante importante. Quando procuramos descobrir quem somos como indivíduos, podemos aprender continuamente a respeito de nós mesmos, nossas preferências, talentos e pontos fortes. Isso nos dá uma perspectiva positiva, fortalece o amor e o respeito que devemos ter por nós mesmos e mantém nossa autoconfiança. Amor-próprio significa estarmos sempre em busca de descobrir todos os aspectos de nós mesmos. Significa melhorar constantemente, alcançar a excelência naquilo que nos interessa e também usar esses aspectos para nos tornarmos inigualáveis e maravilhosos.

Quando estamos felizes com o que somos, nossos parceiros absorvem esse sentimento. Esse é o combustível do desejo deles por nós, e do desejo deles por mais sexo (e vice-versa). A sexualidade entre os parceiros é contagiosa. Quando você tem a segurança de acreditar que o fato de ser especial por dentro e por fora deve ser festejado, se surpreende festejando com seu amor. Quando os dois estão felizes e realizados como indivíduos, o desejo se torna muito mais forte. Se você permitir, sua sexualidade sempre vai encontrar os meios de crescer. Se ela estiver viva, evoluindo e amadurecendo, isso vai manter empolgantes não só o aspecto sexual, mas *todos* os aspectos da vida do casal.

Neste livro discutimos os hábitos e comportamentos que precisam ser mudados para que a vida sexual seja mais gratificante. Às vezes, deixar a vida sexual morrer é só o caminho mais fácil. Infelizmente, não é o caminho certo. Em nossa sociedade, os relacionamentos duradouros não são vistos como deveriam ser: como um porto seguro para uma boa vida sexual. A maioria dos casais se sente quase constrangida quando tem uma vida sexual excelente. E, se falta sexo, os casais acham que isso é normal e se deixam abater pela infelicidade — porque sabemos o que eles dizem: "A vida sexual de todo mundo fica assim depois de algum tempo."

Além disso, muita gente sente repulsa quando pensa que um casal em uma relação duradoura transa, principalmente quando os cônjuges já passaram dos cinquenta anos. Por que isso acontece? O que está errado com a nossa sociedade nesse aspecto? À medida que envelhecemos, nos conhecemos *mais* — sabemos mais sobre quem somos e o que nos move. O sexo muitas vezes é representado como algo exclusivo dos jovens envolvidos em relacionamentos recentes. Mas vamos pensar por um momento em como era essa questão para nós no passado. É claro que você talvez ficasse muito excitada, mas o sexo não era estranho de vez em quando? Naquele tempo, você provavelmente tinha mais entusiasmo do que conhecimento de causa quanto à prática. Seu parceiro não a conhecia bem e você não conhecia bem seu parceiro. Você talvez estivesse despida, mas não estava verdadeiramente nua.

No entanto, o sexo com alguém que realmente conhecemos, amamos e compreendemos — alguém que compartilha conosco um passado, com quem temos um futuro, com nosso verdadeiro parceiro para a vida toda — esse é o sexo mais profundo, prazeroso e intenso. Sexo com um parceiro de longo prazo é uma das experiências verdadeiramente mágicas que nos são oferecidas neste mundo. Pode nos fazer transcender, nos transformar e nos levar para um mundo de amor e prazer como nenhum outro. Esse tipo de sexo é uma das maiores recompensas de um relacionamento duradouro.

Em última análise, este livro não se dedicou apenas a reacender sua vida sexual com seu parceiro. Ele também fala de explorar todas as partes de sua pessoa como valiosas e únicas. Como mulheres e homens, somos muitas coisas: esposas/maridos/parceiros, mães/pais, profissionais, donas e donos de casa, cozinheiros, jardineiros, cuidadores de seres humanos ou de animais, filantropos, sonhadores, crentes, realizadores. Devemos valorizar tudo o que somos (e podemos ser) nesta vida. Portanto, não estamos *somente* falando de sexo. É claro que o sexo é prazeroso. Às vezes ele é obsceno, ousado e selvagem. Às vezes é realmente uma questão de intimidade — uma maneira de expressar um amor profundo pelo parceiro. O sexo é tudo isso em momentos diferentes. Mesmo ao percebermos que tivemos muito prazer escrevendo e pesquisando para este livro, vemos que ele traz uma mensagem importante, uma mensagem profunda: devemos aceitar todos os aspectos de nós mesmos. Precisamos explorar e aceitar nosso potencial — mental, emocional e físico. Precisamos ser fortalecidos por todas as coisas boas de que nossos corpos e nossas mentes são capazes. Todos esses aspectos de nossa humanidade nos dão inteireza. Se nos negarmos o sexo com a pessoa amada, também estaremos negando uma parte integral de nós mesmos. Só temos essa vida para viver — vamos vivê-la em sua plenitude.

AMAR-SE

1 Concentre-se nas coisas maravilhosas que são só suas e abandone a obsessão trazida pelo que chama de defeitos. Aceite sua imagem como se vê ao espelho hoje e pare de focar no amanhã.

2 Tenha confiança em sua nudez e sempre durma nua com seu parceiro.

3 Trate sua sexualidade como um pêssego delicioso — devore-a plenamente. Deixe seu corpo assumir o controle e dê uma folga para a mente.

4 Sejam egoístas e verdadeiros. Parem de tentar agradar um ao outro, arriscando-se a não agradarem a si mesmos. O egoísmo pode salvar o relacionamento, ao passo que o excesso de generosidade pode destruir a honestidade e a intimidade entre vocês.

5 Ame a essência de quem você é. Explore e nutra constantemente seu espírito. Quando você se ama de fato, passa a ter diante de si as experiências sexuais e existenciais mais fantásticas.

Posfácio
Os dez mandamentos do casal

CRIAMOS ESSES DEZ MANDAMENTOS para que você possa rever com facilidade os principais conceitos deste livro. De vez em quando, dedique alguns minutos a revê-los. Eles ajudarão a refrescar sua memória e a renovar a importante ligação com seu parceiro, mais uma vez... e sempre.

1 Terei o prazer e a alegria de chamar meu parceiro ou parceira pelo nome.

2 Jamais chamarei meu parceiro de "docinho", "mozinho", ou qualquer outro apelido idiota.

3 Jamais usarei linguagem ou modo de falar infantis. Nunca chamarei meu parceiro ou parceira de "mamãe" ou "papai".

4 Sempre darei a meu parceiro um espaço de privacidade e respeito em tudo o que for relacionado às funções corporais e ao uso do banheiro.

5 Encontrarei tempo para olhar nos olhos do parceiro todos os dias e deixar que o silêncio entre nós torne a acender nosso desejo.

6 Sempre me lembrarei de usar o contato físico e a linguagem corporal para expressar meu desejo por meu parceiro.

7 Falarei com meu parceiro como um adulto sexual e não terei medo de usar uma linguagem explícita em algumas ocasiões.

8 Terei prazer em perceber nossas diferenças de opinião e, sim, em discuti-las!

9 Sempre manterei uma identidade diferente do meu papel no relacionamento, terei paixão por minha vida e estimularei meu parceiro a ter uma identidade própria.

10 Amarei e aceitarei minha pessoa como é *hoje* (mental, emocional e fisicamente) e estimularei meu parceiro a fazer o mesmo.

Esperamos que você tenha apreciado nosso livro e encontrado nele conselhos úteis que possa incorporar à sua vida diária. Escrevemos este livro para todos nós — para que possamos ter vidas felizes e gratificantes e, naturalmente, o melhor sexo possível!

Para mais conselhos, informações e atualizações, visite nossa página na internet: www.stopcallinghimhoney.com.

Este livro foi composto na tipologia Adobe Garamond Pro,
em corpo 11,5/15,3, impresso em papel off-white
no Sistema Cameron da Divisão Gráfica
da Distribuidora Record.